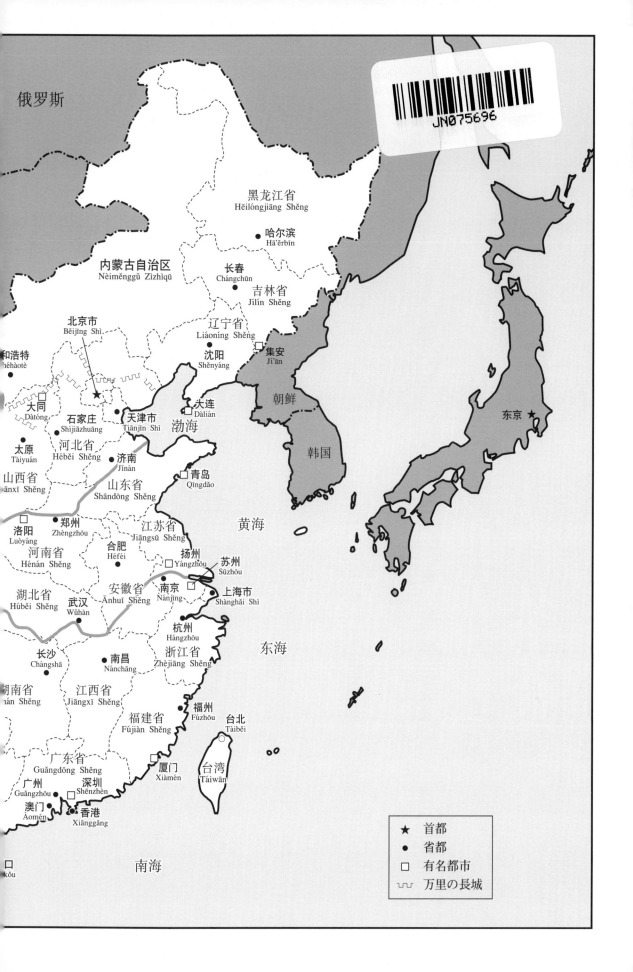

俄罗斯

黑龙江省
Hēilóngjiāng Shěng

●哈尔滨
　Hā'ěrbīn

内蒙古自治区
Nèiměnggǔ Zìzhìqū

长春
Chángchūn●

吉林省
Jílín Shěng

辽宁省
Liáoníng Shěng

北京市
Běijīng Shì

沈阳
Shěnyáng

□集安
Jí'ān

和浩特
héhàotè

大同
Dàtóng

石家庄
Shíjiāzhuāng

□大连
Dàlián

天津市
Tiānjīn Shì

渤海

朝鲜

东京★

太原
Tàiyuán

河北省
Héběi Shěng

●济南
Jǐnán

韩国

山西省
ānxī Shěng

山东省
Shāndōng Shěng

□青岛
Qīngdǎo

洛阳
Luòyáng

●郑州
Zhèngzhōu

江苏省
Jiāngsū Shěng

黄海

河南省
Hénán Shěng

合肥
Héféi

扬州
□Yángzhōu

苏州
Sūzhōu

湖北省
Húběi Shěng

安徽省
Ānhuī Shěng

武汉
Wǔhàn

南京
Nánjīng

上海市
Shànghǎi Shì

长沙
Chángshā

南昌
Nánchāng

杭州
Hángzhōu

东海

湖南省
nán Shěng

江西省
Jiāngxī Shěng

浙江省
Zhèjiāng Shěng

福建省
Fújiàn Shěng

●福州
Fúzhōu

台北
Táiběi

广东省
Guǎngdōng Shěng

厦门
Xiàmén

台湾
Táiwān

广州
Guǎngzhōu

深圳
Shēnzhèn

澳门
Àomén

香港
Xiānggǎng

□
kǒu

南海

★	首都
●	省都
□	有名都市
⊔⊓	万里の長城

JN075696

二訂版

鈴木君の

中国生活

◆文法中心中国語初級テキスト◆

柴　格朗　著

駿河台出版社

音声について

本書の音声は、下記サイトより無料でダウンロード、
およびストリーミングでお聴きいただけます。

https://stream.e-surugadai.com/books/isbn978-4-411-03155-6/

＊ご注意
・PC からでも、iPhone や Android のスマートフォンからでも音声を再生いただけます。
・音声は何度でもダウンロード・再生いただくことができます。
・当音声ファイルのデータにかかる著作権・その他の権利は駿河台出版社に帰属します。
　無断での複製・公衆送信・転載は禁止されています。

表紙デザイン： die

まえがき

　「中国語」とは、中国で中国人が使っている言語です。でも、周知のように中国は広い国で方言もたくさんあります。これから学ぶのは「普通話」と呼ばれている言葉です。「普通」とは、どこにでもある、ありふれたという意味で、「話」とは、話し言葉です。つまり、どこにでも広く流通している言葉という意味で、次のように定義されています。

　　　１．発音（漢字の読み方）は、北京の発音を標準とする。
　　　２．用いる語彙は北方方言に共通したものとする。
　　　３．文法は模範的な近代白話文の著作をモデルとする。

　それでは「北京語」とは違うのかというと、厳密な定義の仕方は違いますが、大雑把に、まぁ、同じと言ってよいでしょう。

　ところで、世界中の言語はその性質と特徴から、大きく３種類に分けることができると言われています。それは①インド・ヨーロッパ語族、②ウラル・アルタイ語族、③シナ・チベット語族です。皆さんは既に①の中の英語を学んでいます。また日本語は朝鮮語、モンゴル語、トルコ語等と共に②に分類される言語です。今③に分類される中国語を学ぶのですから、皆さんはこれで世界中の言語の特徴を知ることができることになります。中国語と日本語とは漢字を通して深い関係があります。中国語は元々奥の深い言語ですが、漢字以外にも文化、風俗を共有する皆さんが、より深い興味をもち新しい知的好奇心の世界が開けることを期待しています。

本書の特徴

　本書は初めて中国語を学ぶ人を対象に、文法に重点を置いて編集しています。文法は項目を細かく分けると、個々の現象の説明は的確にできますが煩雑になります。入門段階のテキストですから、出来るだけ項目を少なくし大まかな決まりにしぼって例文を出すと共に、語順を表形式にまとめて視覚からも理解し易いようにしています。

　また、言い古されているように、「言葉は音」ですから、会話スタイルの課文を付けて中国語のリズムを習得し易いように配慮しています。しかし、会話は口頭言語ですから、言語の一面です。そこで、各課の練習問題の中に「読んでみよう」を加えました。中国語の書き言葉は修辞を考えると容易な文から難解な文までさまざまです。ここでは平易な文章語に留めていますが、朗読をして文章語のリズムにも触れられるようにしています。

　本書は発音編と本編からなり、本編は全部で11課あります。本編は「課文」「文法」「練習」で構成されています。大学で使用する場合、週に１回で一年25回から30回程度を想定していますが、発音の習得に時間をかける余裕があるようなら、週２回の50数回で使用するのがよいと考えています。

目　次

発音編

　これから発音編に入りますが、中国語というのにいきなりアルファベットが出てきます。中華人民共和国は書き言葉の手段としての文字に、漢字表記（表意文字）とローマ字表記（表音文字）の2通りを考えました。口頭の言語を完全に表音化すれば、漢字を使用しなくても書き言葉が成り立つと考えて、漢字の表音化を行いました。そこで、漢字の発音を表す手段として作られたものが「拼音」です。日本語の音読みは「ほうおん」ですが、普通は中国音の「ピンイン」の読みが使われています。

　ところで、皆さんは先ずピンインの読み方、言うなればふりがなの読み方を覚えることになります。拼音は漢字の発音を表す表音文字として、1958年2月に「漢語拼音方案」が制定されました。これは中華民国時代に考案された「注音字母」をもとに、アルファベットと声調符号を用いて全ての発音を表したものです。注音字母が見たこともないような記号でつづられるのとは異なり、アルファベットでつづられるのは、初学者にとって有り難いことなのですが、アルファベットの中の母音は「a i u e o」の5種しかありません。しかし、中国語で使われる母音はもう少し沢山あります。それを無理に5文字で済ませるのですから、同じ「a」でもスペルによって読み方が異なるのは避けられません。日本語のローマ字と同一視すると「煩雑」という気分になりますが、英語でも「cap」「thames」「and」「ancient」の様に「a」の読みは1通りではありません。拼音は406種に整理されていますから、英語のように無規則に異読が出てくるのとは違います。むしろ英語と比べると極めて単純であると言えます。しかし、中国語を学ぼうとする人が最初につまずくのが拼音ですから、気合いを入れて練習してください。

　漢字の表音にアルファベットを用いることが合理的なのか否かは何とも言えません。ただ、中華人民共和国が英語に用いられるアルファベット26文字内（ü だけが別）に収めようとしたのは、国際化をも考慮したからであり、英語のアルファベット以外の文字は使わないことを大前提にしてスペルを決めたのです。ですから「ü」も往々にして「u」に書かれたりしています。皆さんは拼音が何故こんなスペルになるのかということにこだわらずに、「このスペルの時はこう読むことにしたのだ」と割り切って慣れてゆくことです。

1．韻母（1）　単母音

01

a　　o　　e　　i　　u　　ü　　（er）

a　　o　　e　… 口を大きく開けて発音する。
i　　　　　… 上下の歯を合わせるように発音する。
u　　　　　… 上下の唇を合わせるように発音する。
ü　　　　　… 唇をすぼめて発音する。

｝a, o, e に較べて
口の開き方が狭い。

拼音表記として用いる時、i, u, ü はそれぞれ i → yi, u → wu, ü → yu とつづる。

「a o e」と「i u ü」の区別については付録「韻母表」（P.12）参考。

2．声調

02

ā　　　　　　á　　　　　　ǎ　　　　　　à　　　　　　a
第1声　　　第2声　　　第3声　　　第4声　　　軽声

声調符号は母音の上につける。また、i の上に付ける時は i の点をとる。

練習　　発音してみましょう。

03

ā	á	ǎ	à		yī	yí	yǐ	yì
ǒ	ō	ò	ó		wù	wū	wǔ	wú
é	è	ē	ě		yū	yǔ	yú	yù
èr	ěr	ēr	ér					

練習　　発音してみましょう。

04

āyí	èyú	yīwù	wúyí	wūyú	yǔyī
（阿姨）	（鳄鱼）	（衣物）	（无疑）	（乌鱼）	（雨衣）

3．声母　語頭にある子音を声母という。（下表を声母表という）

05

	Ⅰ 無気音	Ⅱ 有気音	Ⅲ	Ⅳ	Ⅴ
唇　音	b (o)	p (o)	m (o)	f (o)	
舌尖音	d (e)	t (e)	n (e)		l (e)
舌根音	g (e)	k (e)	h (e)		
舌面音	j (i)	q (i)	x (i)		
捲舌音	zh (i)	ch (i)	sh (i)		r (i)
舌歯音	z (i)	c (i)	s (i)		

i の音は　b p m，d t n l，j q x と結びつく時はほぼ日本語の i であるが、zhi，chi，shi，ri の i、zi，ci，si の i はそれぞれ音が異なる。

ü が　j q x と結びつく時は、ü を u と表記する。（jü → ju、qü → qu、xü → xu）

06

練習　発音してみましょう。

bā	pà	mǎ	fā		tà	dī	ná	lù
gā	gǔ	hé	kè		jì	xī	qí	xǐ
zhà	chē	rì	shǔ		zì	sǐ	cā	sè

4．韻母（2）　複母音（二重母音、三重母音）

07

	(a	o	e)	ai	ei	ao	ou
i	ia		ie			iao	iou
u	ua	uo		uai	uei		
ü			üe				

拼音表記として用いる時、i は y に、u は w に、ü は yu に変える。

ia → ya　　　　　ie → ye　　　　　iao → yao　　　　iou → you

ua → wa　　　　uo → wo　　　　uai → wai　　　　uei → wei

üe → yue

母音から始まる音を、声母が無いことから無声母、或いはゼロ声母と呼ぶ。

iou、uei が子音と結びついた時、i と u、u と i に挟まれた o、e は表記しない。

miou → miu　　diou → diu　　niou → niu　　jiou → jiu

duei → dui　　guei → gui　　zhuei → zhui　　cuei → cui

声調符号は母音の上に付ける。母音が複数ある時は次の順になる。

① a があれば、a の上

② a がないとき、o か e の上（o と e は同時に現れない）

③ a、o、e のいずれもない時、後ろの母音の上

 例

① yā　　yáo　　biào　　pǎo　　tāi　　kuā

② dōu　　guó　　bèi　　piē　　nüè　　quē

③ duī　　jiǔ

練習　次のローマ字で記された発音に、後ろの（　）内の数字が示す声調符号を付けた拼音
表記に改めてみましょう。

08

ua (1)　　ie (2)　　iao (3)　　üe (4)　　uo (3)　　uei (4)

duei (4)　　qüe (2)　　miou (1)　　jü (3)　　ü (3)　　i (1)

練習　発音してみましょう。

09

báijiǔ,	bǎowèi,	huācǎo,	cháiyóu,	fēi'é,	jiāo'ào,	hǎi'ōu,	duì'ǒu
（白酒）	（保卫）	（花草）	（柴油）	（飞蛾）	（骄傲）	（海鸥）	（对偶）

熟語の後の語の語頭が、a, o, e である場合は（'）を付けて音節の切れ目を表す。
これを隔音符号という。

5．韻母（3）　鼻音を伴う母音

10

an	en	ang	eng	ong
ian	in	iang	ing	iong
(yan)	(yin)	(yang)	(ying)	(yong)
uan	uen	uang	ueng	
(wan)	(wen)	(wang)	(weng)	
üan	ün			
(yuan)	(yun)			

（　）はゼロ声母の時のつづり方。

uen が声母と結びついた時には、e の音が弱まるので、e は省略する。

duen → dun　　　guen → gun

声調符号は母音の上に付けるので、duēn → dūn、guěn → gǔn となる。

練習　　1から100までの数を発音してみましょう。

yī,	èr,	sān,	sì,	wǔ,	liù,	qī,	bā,	jiǔ,	shí,
（一）	（二）	（三）	（四）	（五）	（六）	（七）	（八）	（九）	（十）

shíyī,	shí'èr,	...	èrshí,	èrshiyī,	...	wǔshiwǔ,	...	jiǔshijiǔ,	yìbǎi
（十一）	（十二）		（二十）	（二十一）		（五十五）		（九十九）	（一百）

声母・韻母・子音・母音

　　日本語の「に」は「ni」とも表記し、「n」を子音、「i」を母音といいます。中国語では「中」は「zhong」とも表記し、「zh」を声母、「ong」を韻母といいます。「国」「guo」では、「g」が声母、「uo」が韻母となります。漢字の発音を「語頭の子音とそれ以外」に二分して、語頭の子音を声母、それ以外を韻母と呼びます。「語」は「ü」ですから、声母はありません。それで「無声母」と呼びますが、日本では「ゼロ声母」と呼んでいます（これは、声母表のbpmf…に、順に１２３４と番号を付け、bを１番、pを２番…sを21番、声母がない場合bの前で、0番になるからです）。現代の北京音では、韻母部分は母音か、母音＋「ん」（n, ng）です。それで、声母＝子音または「無し」と言えます。しかし、「n」も「ng」も子音ですから、正確には「声母＝語頭の子音」、「韻母＝声母以外の部分」と言うべきです。

6．声調変化

①**軽声**…単語、或いは句中で、弱く発音され本来の声調を失った音をいう。

māma（妈妈）	bóbo（伯伯）	jiějie（姐姐）	dìdi（弟弟）
bāozi（包子）	mántou（馒头）	jiǎozi（饺子）	dòufu（豆腐）

②**第３声の連続**…第３声の後に第３声が続く時、前の音（ ﹏ 部分）は第２声に変わる。

nǐ hǎo（你好）	shǒubiǎo（手表）	lǐxiǎng（理想）
xǐliǎnshuǐ（洗脸水）	yǎngzǐnǚ（养子女）	zhǐlǎohǔ（纸老虎）

③**「一」「不」の声調変化**

「一」の変調…「一」は本来第１声であるが、第２声、第４声に変わることがある。

　１）第４声が続く時、第２声に変わる。

yíkuài（一块）	yíwàn（一万）	yíyàng（一样）	yíge（一个）

　２）第１声、第２声、第３声が続く時、第４声に変わる。

yìqiān（一千）	yìnián（一年）	yìbǎi（一百）
yìjiā（一家）	yìtiáo（一条）	yìqǐ（一起）

3）熟語の語末にくる時、又は粒読みする時は、第1声で読む。

　　　tǒngyī（统一）　　shíyī（十一）　　yī jiǔ yī bā nián（1918年）

　　第一番目（序数）の時、第1声で読む。

　　　yī yuè yī hào（1月1号）　　　　dì yī yè dì yī háng（第1頁第1行）

「不」の変調……「一」の変調の（1）（2）に同じ。本来の声調は第4声である。

　1）後に第4声が続く時、第2声に変わる。

　　　bú xiè（不谢）　　bú duì（不对）　　bú dà（不大）

　2）第1声、第2声、第3声が続く時、第4声に読む。

　　　bù'ān（不安）　　bù xíng（不行）　　bù hǎo（不好）

13

練習　月、日、曜日を言ってみましょう。

yī yuè,　èr yuè, sān yuè,　 …　 shí yuè,　shíyī yuè,　shí'èr yuè
（一月）　（二月）（三月）　　　　（十月）　（十一月）　（十二月）

yī hào,　èr hào, …　shíyī hào,　shí'èr hào, …　èrshiyī hào, …　sānshiyī hào
（一号）　（二号）　（十一号）　（十二号）　　（二十一号）　　（三十一号）

xīngqīyī,　xīngqī'èr,　xīngqīsān, …　xīngqīliù,　xīngqīrì / xīngqītiān
（星期一）　（星期二）　（星期三）　　（星期六）　（星期日）/（星期天）

7．儿化 （er 化）

14

北方方言に見られる現象で、一部の語の語尾をそり舌化させ発音する。

　1）もとの語の韻尾は変化せず、語尾をそり舌化させる。（r だけを加える）

　　　huā → huār（花儿）　　cuò → cuòr（错儿）　　gē → gēr（歌儿）

　2）複母音韻母で韻尾が i で終わる時、及び n で終わる時、i、n は発音しない。

　　　xiǎohái → xiǎoháir（小孩儿）　　　　yíkuài → yíkuàir（一块儿）

　　　yìdiǎn → yìdiǎnr（一点儿）　　　　　kèběn → kèběnr（课本儿）

　　　wán → wánr（玩儿）

　3）韻母が i、ü で終わる時、er を加えて発音する。

　　　xiǎojī → xiǎojīr（小鸡儿）　　　　yǒushì → yǒushìr（有事儿）

　　　xiǎochī → xiǎochīr（小吃儿）　　　guāzǐ → guāzǐr（瓜子儿）

　　　jīnyú → jīnyúr（金鱼儿）

　　　儿化で韻尾の n が脱落し、その結果 i、ü で終わる時も、韻母が i、ü で終わる時と同様
　　　に er を加えて発音する。

　　　càixīn → càixīnr（菜心儿）　　　　hóngqún → hóngqúnr（红裙儿）

　4）韻尾が ng で終わる時、ng は発音せず、前の母音を鼻音化させ、かつそり舌化させる。

　　　yǒukòng → yǒukòngr（有空儿）　　　bāngmáng → bāngmángr（帮忙儿）

挨拶言葉を覚えましょう。

你好。	Nǐ hǎo.	こんにちは。 初めまして。
你们好。	Nǐmen hǎo.	皆さん、こんにちは。
你早。	Nǐ zǎo.	お早うございます。
早上好。	Zǎoshang hǎo.	お早うございます。
谢谢。	Xièxie.	ありがとう。
不用谢。	Búyòng xiè.	どういたしまして。（感謝する必要はありません）
不客气。	Bú kèqi.	お気遣いなく。
对不起。	Duìbuqǐ.	申し訳ありません。
没关系。	Méi guānxi.	どういたしまして。
没什么。	Méi shénme.	どういたしまして。
麻烦你了。	Máfan nǐ le.	ご面倒をおかけします。
请多关照。	Qǐng duō guānzhào.	どうぞよろしく。
再见。	Zàijiàn.	さようなら。（また会いましょう）
明天见。	Míngtiān jiàn.	明日お会いしましょう。
慢走。	Màn zǒu.	お気をつけて。（ゆっくり歩いて。）

⊕ 付 録

韻母表

介音	単母音			複母音				鼻母音				
	a	o	e	ai	ei	ao	ou	an	en	ang	eng	ong
i	ia		ie			iao	iou	ian	in	iang	ing	iong
u	ua	uo		uai	uei			uan	uen	uang	ueng	
ü			üe					üan	ün			

古典詩を読んでみよう

16

偶 成 诗　　朱 熹（南宋の人　1130－1200）
Ǒu chéng shī　　Zhū　Xī

少	年	易	老	学	难	成	少年老い易く　学成り難し
shào	nián	yì	lǎo	xué	nán	chéng	
一	寸	光	阴	不	可	轻	一寸の光陰　軽んず可からず
yí	cùn	guāng	yīn	bù	kě	qīng	
未	觉	池	塘	春	草	梦	未だ覚めず　池塘　春草の夢
wèi	jué	chí	táng	chūn	cǎo	mèng	
阶	前	梧	叶	已	秋	声	階前の梧葉　已に秋声
jiē	qián	wú	yè	yǐ	qiū	shēng	

豆知識　上の詩では「成、軽、声」が脚韻を踏みます。音読すると「軽」が「成、声」と合いません。付録に付けた韻母表を見ると「in、ing」は本来「ien、ieng」であるはずだったことが分かります。そうすると、「軽－qīng」は「qiēng」であったわけで、「eng」で脚韻を踏んでいたのです。時間の流れの中で音が変化したわけです。

───────── 本 編 ─────────

　発音編で拼音が発音できるようになりましたか。これから本編に入ります。本編では漢字と拼音を併用していますが、主は漢字で拼音は振り仮名という感じになります。ところで、漢字ですが、これまた見慣れない漢字が出てきます。「私は中国語を学ぶ」の訳は「我学習漢語」ですが、現在の中国では「我学习汉语」と書きます。「我学」は日本と同じですが、「习汉语」は違います。これを簡体字（巻末付録参照）と呼び、現在の中国では正式な字体としています。さしづめ日本の常用漢字体というところです。皆さんは簡体字が日本のどの字に対応しているのかを覚える必要があります。この作業を怠ると中国語習得の能率が悪くなるので簡体字に出会うたびに覚えてしまってください。その為に単語表の下に「簡体字－日本字対照」を付けています。字形が大きく異なるものから一見同じに見えるものまでありますが、よく見ればどこか違っています。中国ではこの字体を標準と定めています。手書きする場合、あまりに神経質になる必要はありませんが、違いだけは確認しておいてください。

　次にテキストの構成ですが、毎課、「課文、文法、語順要点、練習」からできています。課文と文法は、漢字、拼音ともノートに書き写し、日本語訳を付けて欲しいです。何度も拼音を書き写すことで発音が身につきます。また、訳文を書くことで原文の全ての字に注意が行き届きます。また、課文はおおむね6〜8行に収まっていて量的にも決して多くはありません。先ずは何度も音読して中国語らしく読めるようになること、そして次に暗記してしまって単語を文の中で覚えるようにしてください。
　語順要点は構造を視覚的に捉えることをもくろんだものです。主語→動詞→目的語という必須要素とそれぞれの修飾語の位置関係を表で確認してください。
　練習の「並べ替え」には日本語訳を付けていません。それは語順の習得に主眼を置いているからです。単語の性質が語順を決定する言語ですから、この問題ができるか否かで理解しているかどうかが分かります。色々に考えて挑戦してください。また、課文が会話形式なので、「読んでみよう」で文章にふれるようにしました。会話は場面が優先されるために、言わなくても理解できる限りどんどん省略されてしまいます。きちんとした文法を身につけるためには文章読解は必要です。ただ、余裕がないようならば省略してもいいように、「読んでみよう」に初出の単語は後の「新出単語」「補充単語」と重複して出しています。また、単語表で「cf.」としているのは関連のある単語です。是非辞書を引いて確認してください。

課文の登場人物

鈴木健太郎	日本の大学を卒業した後、中国の医科大学に留学している。
张明（男性）	鈴木君の留学先の大学職員で、留学生の世話も担当している。
陈瑛（女性）	鈴木君と同級生で、よく同じ授業を受けている。
李静（女性）	鈴木君の一年先輩で時々一緒に外出したりしている。
小林・山田	仕事で中国に駐在している日本人。共に鈴木君より年上。

品詞分類　　本テキスト単語表の略称は、以下の品詞を表示している。

　　　　　　　（一単語で複数の品詞がある場合、例文における品詞名を記している。）

名 名詞、固 固有名詞、代 代名詞、動 動詞、助動 助動詞、介 介詞、形 形容詞、副 副詞、数 数詞、

量 量詞、数量 数量詞（数詞＋量詞）、接 接続詞（中国語では連詞）、助 助詞、感 感嘆詞

　　　　　品詞分類については、原則として『現代漢語詞典』第5版に従った。
　　　　　また、動詞には「離合詞」という考え方がある。本来「動詞＋目的語」の形であるが、一単語と見なす場合
　　　　　がある（巻末付録参照）。離合詞の場合、拼音表記で chī//fàn のように「//」を挟んでいる。

用語　　　文法用語の混乱を避けるために本書では、特に「定語」「状語」「補語」「賓語」という
　　　　　　　中国語を使用している。（巻末付録参照）

定語…限定語と訳されることもある。名詞を前から修飾する要素で、日本語では連体修飾語と呼ぶ。
　　　日本語での連体修飾語とほぼ一致している。

状語…状況語と訳されることもある。動詞、或いは形容詞を前から修飾する要素で、日本語では連
　　　用修飾語と呼ぶ。しかし、日本語の連用修飾語と異なる時もある。

補語…動詞、或いは形容詞を後ろから補足説明する要素。英語の complement と異なることに注意
　　　が必要である。

賓語…多くは目的語と訳される。動詞の後ろに置かれ動作等の対象を表す。ただ、英文法の目的語
　　　と完全に重なるものではないので、あえて「賓語」の語を用いているが、英語と一致する場
　　　合には目的語という表現を使っていることもある。

中医大学のキャンパスで

课文

🔊 **17**

铃木： 你 好， 我 姓 铃木， 叫 铃木 健太郎。
Língmù　Nǐ　hǎo,　wǒ　xìng　Língmù,　jiào　Língmù　Jiàntàiláng.

我 是 留学生， 是 中医 大学 的 本科生。
Wǒ　shì　liúxuéshēng,　shì　Zhōngyī　Dàxué　de　běnkēshēng.

你 是 医生 吗?
Nǐ　shì　yīshēng　ma?

张明： 不， 我 不 是 医生， 也 不 是 老师。
Zhāng Míng　Bù,　wǒ　bú　shì　yīshēng,　yě　bú　shì　lǎoshī.

我 是 医大 的 职员， 叫 张 明。
Wǒ　shì　yīdà　de　zhíyuán,　jiào　Zhāng Míng.

新 出 単 語

🔊 **18**

你	nǐ	代 あなた。	
你好	nǐ hǎo	初めまして。こんにちは。	
我	wǒ	代 私。	
姓	xìng	動 (姓は)～という。	
叫	jiào	動 ～という。呼ぶ。	
是	shì	動 ～である。	
留学生	liúxuéshēng	名 留学生。	
中医	zhōngyī	名 漢方。中国医学。	
		cf. 西医	
大学	dàxué	名 大学。 cf. 学院	
的	de	助 ～の。	
本科生	běnkēshēng	名 学部生。 cf. 专科生	

医生	yīshēng	名 医者。	
		cf. 大夫	
吗	ma	助 ～ですか？	
不	bù	副 ～でない。	
也	yě	副 ～もまた。	
老师	lǎoshī	名 先生。	
		cf. 教師	
医大	yīdà	名 医科大学の略。	
职员	zhíyuán	名 職員。	
中医大学	Zhōngyī Dàxué	固 中医大学。	
铃木健太郎	Língmù Jiàntàiláng	固 鈴木健太郎。	
张明	Zhāng Míng	固 張明。	

簡体字－日本字　対照

叫 (叫)　　吗 (嗎)　　老师 (師)　　职员 (職員)　　铃木 (鈴)　　张明 (張)

1. 人称代名詞

	一人称	二人称	三人称		
単数	我 (私) wǒ	你, 您 (あなた) nǐ nín	他 (彼), tā	她 (彼女), tā	它 (それ) tā
複数	我们, 咱们 wǒmen zánmen	你们 nǐmen	他们, tāmen	她们, tāmen	它们 tāmen

（＊咱们は相手を含めて我々という時の語。）

2. 動詞「是」   「A是B」 AはBである。

他 是 中国 留学生。　　　　　　　他们 不 是 公司 职员。
Tā shì Zhōngguó liúxuéshēng.　　　　Tāmen bú shì gōngsī zhíyuán.

Bが「姓、名」の場合、動詞「姓、叫」を用いる

他 姓 张, 叫 张 明。　　　　　　　我 姓 小林, 不 姓 林。
Tā xìng Zhāng, jiào Zhāng Míng.　　　Wǒ xìng Xiǎolín, bú xìng Lín.

3. 諾否疑問文   「～吗?」「～ですか。」

你 爸爸 是 医生 吗?　　　　　　　你 爱人 叫 李 丽萍 吗?
Nǐ bàba shì yīshēng ma?　　　　　　Nǐ àiren jiào Lǐ Lìpíng ma?

4. 副詞「也、都」

你 也 是 银行 职员 吗?　　　　　　他 弟弟 也 不 是 学生。
Nǐ yě shì yínháng zhíyuán ma?　　　　Tā dìdi yě bú shì xuésheng.

他们 都 不 是 中国人。　　　　　　我们 也 都 是 日本人。
Tāmen dōu bú shì Zhōngguórén.　　　Wǒmen yě dōu shì Rìběnrén.

5. 助詞「的」と「的」の省略   「A的B」 AのB

我 的 照相机　　　　铃木 的 手表　　　　学校 的 图书馆
wǒ de zhàoxiàngjī　　Língmù de shǒubiǎo　　xuéxiào de túshūguǎn

我 爸爸　　　　　　你们 老师　　　　　　他们 公司
wǒ bàba　　　　　　nǐmen lǎoshī　　　　　tāmen gōngsī

「的」の前の語を「定語」、後ろの語を「中心語」という。
「定語」が人称代名詞で「中心語」が親族関係、或いは所属機関の時「的」は省略できる。

補充単語

您	nín	代 あなた。「你」の丁寧語。
们	men	～たち。人を表す語に付ける。
咱们	zánmen	代 相手を含めた我々。
公司	gōngsī	名 会社。
爸爸	bàba	名 お父さん。父。
爱人	àiren	名 配偶者。妻または夫。
银行	yínháng	名 銀行。
弟弟	dìdi	名 弟。
学生	xuésheng	名 学生。
都	dōu	副 すべて。どちらも。

人	rén	名 人。
照相机	zhàoxiàngjī	名 写真機。カメラ。
手表	shǒubiǎo	名 腕時計。
学校	xuéxiào	名 学校。
图书馆	túshūguǎn	名 図書館。
中国	Zhōngguó	固 中国。
小林	Xiǎolín	固 小林。
林	Lín	固 林。
李丽萍	Lǐ Lìpíng	固 李麗萍。女性の名。
日本	Rìběn	固 日本。

語順要点

「是」を用いた動詞文

① 主部	② 述部			
主語	③ 述語動詞		④ 賓語	文末
名詞（代名詞）	⑤ 副詞	動詞	名詞	⑥ 助詞
他们		是	日本人。	
他们	不	是	日本人。	
他们	都	是	日本人	吗?

【参考】①の主部（主語）は、文の主題であり、陳述の対象である。②の述部（述語）は主語についての説明。
更に述部の中で、③は述語の中心になる要素で述語動詞といい、④を動詞の賓語（目的語）という。
⑤は動詞にかかる修飾語で「状語」にあたる。⑥を語気助詞といい、文末につく。

読んでみよう

21

我　姓　铃木，　叫　铃木　太郎。　我　是　大学生。　我　姐姐　不　是
Wǒ　xìng　Língmù,　jiào　Língmù　Tàiláng.　Wǒ　shì　dàxuéshēng.　Wǒ　jiějie　bú　shì

大学生。　她　是　幼儿园　的　保育员。　小　张　是　我　的　中国　朋友，
dàxuéshēng.　Tā　shì　yòu'éryuán　de　bǎoyùyuán.　Xiǎo　Zhāng　shì　wǒ　de　Zhōngguó　péngyou,

叫　张　忠学。　他　不　是　学生。　他　姐姐　也　不　是　学生，　是　公司
jiào　Zhāng　Zhōngxué.　Tā　bú　shì　xuésheng.　Tā　jiějie　yě　bú　shì　xuésheng,　shì　gōngsī

职员。
zhíyuán.

単語 大学生 图 大学生。　姐姐 图 お姉さん。　幼儿园 图 幼稚園。　保育员 图 保育士。
小｜张｜ 形 ｜張｜～さん。　朋友 图 友達。　张忠学 画 張忠学（人名）。

簡体字－日本字　対照 ▶

们（們）　爱人（愛）　银行（銀）　照相机（機）　手表（錶）　图书馆（図書館）　李丽萍（麗）

次の拼音を簡体字に改め、更に訳しなさい。

1. Wǒ shì Rìběnrén.
2. Nǐmen yě shì xuésheng ma?
3. Tāmen dōu xìng Lǐ（李）.
4. Tāmen dōu bú shì lǎoshī.
5. Tā bú shì wǒmen gōngsī de zhíyuán.

練習 2 語の性質を考えて並べ替え、更に訳しなさい。

1. （是，你，吗，银行职员，？）
2. （他弟弟，职员，也，公司，是）
3. （姓，我，不，也，张）
4. （中国人，也，是，我们，不，老师）
5. （中医大学，是，的，也，他们，不，老师）

訳 してみよう

1. 彼は日本人医師です。
2. 彼女らは銀行員ではない。
3. あなた方は全員先生ですか。
4. あなたのお父さんも会社員ですか。
5. 私の弟もまた学生ではありません。

親族呼称（亲属称呼…目の前にいる人に対して、呼びかけとして使える語を称呼という）

漢字	拼音	日本語
爷爷	yéye	おじいさん
奶奶	nǎinai	おばあさん
姥爷	lǎoye	おじいさん
姥姥	lǎolao	おばあさん
爸爸	bàba	お父さん
妈妈	māma	お母さん
哥哥	gēge	お兄さん
弟弟	dìdi	おとうと
姐姐	jiějie	お姉さん
妹妹	mèimei	いもうと
爱人	àiren	夫、妻
儿子	érzi	むすこ
女儿	nǚ'ér	むすめ

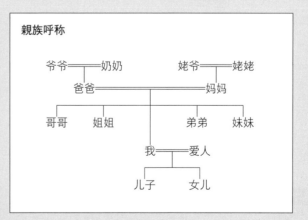

親族呼称

爷爷＝＝＝奶奶　　姥爷＝＝＝姥姥
　爸爸＝＝＝＝＝＝＝＝＝妈妈
哥哥　姐姐　　弟弟　妹妹
　　我＝＝爱人
　　儿子　女儿

第二課　授業後の教室で

课文

🔊 **22**

陈瑛：　请问，这是谁的钢笔? 是你的吗?
Chén Yīng　Qǐngwèn, zhè shì shéi de gāngbǐ? Shì nǐ de ma?

铃木：　不是。我没有钢笔，只有两枝圆珠笔。
Língmù　Bú shì. Wǒ méiyǒu gāngbǐ, zhǐ yǒu liǎng zhī yuánzhūbǐ.

　　　　你呢? 你有几枝笔?
　　　　Nǐ ne? Nǐ yǒu jǐ zhī bǐ?

陈瑛：　有四枝。有一枝钢笔，一枝自动铅笔和两枝
Chén Yīng　Yǒu sì zhī. Yǒu yì zhī gāngbǐ, yì zhī zìdòng qiānbǐ hé liǎng zhī

　　　　圆珠笔。唉，这儿还有一块手表。
　　　　yuánzhūbǐ. Āi, zhèr hái yǒu yí kuài shǒubiǎo.

铃木：　那是李静的。我的是这个。
Língmù　Nà shì Lǐ Jìng de. Wǒ de shì zhège.

新出単語

🔊 **23**

请问	qǐngwèn	動	お尋ねします。
这	zhè	代	これ。この。
谁	shéi	代	だれ。
钢笔	gāngbǐ	名	ペン。
没有	méiyǒu	動	無い。持っていない。
只	zhǐ	副	ただ～だけ。
有	yǒu	動	ある。持っている。
两	liǎng	数	ふたつ。2。
枝	zhī	量	～本の。
圆珠笔	yuánzhūbǐ	名	ボールペン。
呢	ne	助	～は? 同じ話題で質問する。
几	jǐ	数	幾つ。10以下の数を予測した問い方。
笔	bǐ	名	筆、ペン等の筆記用具。
自动铅笔	zìdòng qiānbǐ	名	シャープペンシル。
和	hé	接	～と。
唉	āi	感	あれ。おや。まぁ。
这儿	zhèr	代	ここ。
还	hái	副	まださらに。
块	kuài	量	～個の。
那	nà	代	あれ。あの。それ。その。
这个	zhège	代	これ。これ一つのつづまった形。
陈瑛	Chén Yīng	固	陳瑛。女性の名。
李静	Lǐ Jìng	固	李静。ここでは女性の名。

簡体字－日本字　対照

请问（請問）　这（這）　谁（誰）　钢笔（鋼筆）　两（両）　圆珠笔（圓筆）　自动铅笔（動鉛筆）
这儿（這児）　还（還）　块（塊）　这个（這個）　陈瑛（陳）

24

1. 指示代名詞　　「哪」は疑問代名詞としている。

これ	それ	あれ	どれ
这，　这个（これ） zhè,　zhège（zhèige）	那，　那个（あれ） nà,　nàge（nèige）		哪，　哪个（どれ） nǎ,　nǎge（něige）
这里，　这儿（ここ） zhèli,　zhèr	那里，　那儿（あそこ） nàli,　nàr		哪里，　哪儿（どこ） nǎli,　nǎr

2. 疑問詞疑問文

这　是　谁　的　手表？
Zhè　shì　shéi　de　shǒubiǎo?

他　是　哪个　学校　的　学生？
Tā　shì　nǎge　xuéxiào　de　xuésheng?

那　是　什么？
Nà　shì　shénme?

这　是　什么　杂志？
Zhè　shì　shénme　zázhì?

你　有　几　块　手表？
Nǐ　yǒu　jǐ　kuài　shǒubiǎo?

北京　大学　有　多少　学生？
Běijīng　Dàxué　yǒu　duōshao　xuésheng?

3. 動詞「有」

1. 所有を表す「有」　　「人＋有＋物」（～は…を持っている）

我　只　有　一　辆　自行车。
Wǒ　zhǐ　yǒu　yí　liàng　zìxíngchē.

他　没有　哥哥。
Tā　méiyǒu　gēge.

2. 存在を表す「有」　　「場所＋有＋物」（～に…がある、いる）

这儿　有　两　本　词典。
Zhèr　yǒu　liǎng　běn　cídiǎn.

那儿　没有　公园。
Nàr　méiyǒu　gōngyuán.

4. 省略疑問文「～呢？」　　「～呢？」「～は？」

这个　手表　是　我　的，那个　呢？
Zhège　shǒubiǎo　shì　wǒ　de,　nàge　ne?

我们　都　有　自行车，你　呢？
Wǒmen　dōu　yǒu　zìxíngchē,　nǐ　ne?

5. 量詞　　ものの数を数える時に用いる単位。助数詞。（P.31参照）

一　本　书　　　两　张　票　　　三　把　伞　　　四　个　人　　　五　辆　自行车
yì　běn　shū　　liǎng　zhāng　piào　　sān　bǎ　sǎn　　sì　ge　rén　　wǔ　liàng　zìxíngchē

cf.　这　三　块　手表　　　　○那　（一）　家　商店　　　　△那　商店
zhè　sān　kuài　shǒubiǎo　　　nà　（yì）　jiā　shāngdiàn　　　nà　shāngdiàn

（指示詞は数量詞の前）　　　（数が一の場合省略できる）　　（話し言葉では量詞は省略しない）

補充単語

25

什么	shénme	代 なに。どんな。		书	shū	名 本。書物。
杂志	zázhì	名 雑誌。		张	zhāng	量 ～枚の。
多少	duōshao	代 幾つ。または10以上の数を予測した、または数を予測しない問い方。		票	piào	名 チケット。切符。
				把	bǎ	量 ～個の。
辆	liàng	量 ～台の。		伞	sǎn	名 かさ。
自行车	zìxíngchē	名 自転車。		个	ge	量 ～個の。
哥哥	gēge	名 兄。お兄さん。		家	jiā	量 ～軒の。
本	běn	量 ～冊の。		商店	shāngdiàn	名 商店。
词典	cídiǎn	名 辞典。辞書。		北京	Běijīng	固 北京。
公园	gōngyuán	名 公園。				

「有」を用いた動詞文

主部	述部			
主語	述語動詞		☆（定語）＋賓語	文末
名詞	★副詞	動詞	名詞	助詞
你		有		杂志。
*你	也	有	中国	杂志。 吗?
这儿	也	没有	中国	杂志。

）←所有

←存在

【参考】★副詞は動詞に係る（連用修飾語）ので動詞の前に置かれる。

☆定語は名詞に係る（連体修飾語）ので名詞の前に置かれる。修飾される名詞を中心語と呼ぶ。
また、「的」の後ろの中心語は省略されることもある。

*「君も中国の雑誌を持っている。」と「君は中国の雑誌も持っている。」の2通りの意味がある。

読んでみよう

26

这儿 有 三 本 词典。 这 是 我 的 《汉－日 词典》。 那 本 是
Zhèr yǒu sān běn cídiǎn. Zhè shì wǒ de Hàn-Rì cídiǎn. Nà běn shì

小 张 的 《日－汉 词典》。 小 张 是 我 的 同班 同学。 小 张
xiǎo Zhāng de Rì-Hàn cídiǎn. Xiǎo Zhāng shì wǒ de tóngbān tóngxué. Xiǎo Zhāng

只 有 《日－汉 词典》, 没有 《汉－日 词典》。 另外 一 本 不 是 小
zhǐ yǒu Rì-Hàn cídiǎn, méiyǒu Hàn-Rì cídiǎn. Lìngwài yì běn bú shì xiǎo

张 的, 是 安娜 的 《英－汉 词典》。 安娜 是 美国 留学生, 她 还
Zhāng de, shì Ānnà de Yīng-Hàn cídiǎn. Ānnà shì Měiguó liúxuéshēng, tā hái

有 两 本 《汉语 词典》。
yǒu liǎng běn Hànyǔ cídiǎn.

単語 《汉－日词典》名 中日辞典。 同班 名 同級。 同学 名 学生。 另外 代 ほかに。 汉 固 中国。
日 固 日本。 英 固 イギリス。 安娜 固 アンナ。人名。 美国 固 アメリカ。 汉语 固 中国語。

簡体字－日本字 対照

那个（個）　这里（這裏）　什么（甚麼）　杂志（雑誌）　**辆**（輛）　自行车（車）　词典（詞）
公园（園）　书（書）　张（張）　伞（傘）

練習 **1**　次の拼音を簡体字に改め、更に訳しなさい。

1．Zhè shì shéi de shǒubiǎo?
2．Nà yě shì lǎoshī de ma?
3．Tāmen shì nǎge xuéxiào de?
4．Nǐ yǒu shénme cídiǎn?
5．Nàr yě méiyǒu yínháng.

練習 **2**　語の性質を考えて並べ替え、更に訳しなさい。

1．（哥哥，这，自行车，的，你，吗，是，？）
2．（是，不，老师，中医大学，她，的）
3．（那个，谁，钢笔，是，的，？）
4．（图书馆，学校，也，没有，我们）
5．（伞，只，这儿，两，有，把）

訳 してみよう

1．彼は誰ですか。
2．彼は何を持っているのですか。
3．君はどんな辞典を持っているのですか。
4．ここに２冊の雑誌があります。
5．ここには傘がありません。

呼びかけの言葉❶　「谷口さん」と「谷さん」

　自己紹介する時、「我姓谷口。」とか「我姓谷。」と言います。しかし、「〇〇さん、こんにちは。」と言う時、「谷口，你好。」と言えますが、「谷，你好。」とは言えません。また、「田中来了。」（やあ、田中君、いらっしゃい）はOKですが、「中来了。」（やあ、中君）は言えません。「谷」とか「中」のように一文字の姓（単姓と言います）は呼びかけの場合、それだけでは姓として扱われません。「谷口」とか「田中」のように二文字の姓（複姓と言います）はそれだけで姓として使えます。中国人は単姓が圧倒的に多いわけですが、それは我々外国人にとって厄介な問題です。「李来了。」が駄目ならどう言うのか。「李同学来了。」「李老师来了」。「李先生来了。」などと姓の他に何か付けます。李さんがたまたま学生だったり、先生だったり、男性だったら、上の言い方が出来ます。教科書にはよく「小李」とか「老李」といった表現が紹介されていますが、相手が自分より若ければ「小李」と呼びかけてもかまわないとも言いきれません。「老李」にいたっては我々外国人が面と向かって言うことはまず無いといってもいいでしょう。

職員の张明さんと立ち話

课文

27

张明： 我 妻子 明天 不 在 家， 你 来 我 家 吧。
Zhāng Míng Wǒ qīzi míngtiān bú zài jiā, nǐ lái wǒ jiā ba.

铃木： 明天 星期五， 不 是 星期天。 她 去 哪儿?
Língmù Míngtiān xīngqīwǔ, bú shì xīngqītiān. Tā qù nǎr?

张明： 她 去 杭州。 她 老家 在 杭州。
Zhāng Míng Tā qù Hángzhōu. Tā lǎojiā zài Hángzhōu.

铃木： 那， 你 的 孩子 呢?
Língmù Nà, nǐ de háizi ne?

张明： 孩子 也 一起 去， 家 里 没有 人。
Zhāng Míng Háizi yě yìqǐ qù, jiā li méiyǒu rén.

铃木： 是 吗? 明天 上午 我 一定 去。
Língmù Shì ma? Míngtiān shàngwǔ wǒ yídìng qù.

新出単語

28

妻子	qīzi	名 妻。女房。		老家	lǎojiā	名 実家。
明天	míngtiān	名 明日。		那	nà	接 それでは。
在	zài	動 居る。ある。		孩子	háizi	名 子供。
家	jiā	名 家。		一起	yìqǐ	副 一緒に。
来	lái	動 来る。		里	li	名 中。内側。
吧	ba	助 相手に同意を促す語気を表す。		是吗	shì ma	そうですか。相づちを打つ。
星期五	xīngqīwǔ	名 金曜日。		上午	shàngwǔ	名 午前。
星期天	xīngqītiān	名 日曜日。		一定	yídìng	副 必ず。
去	qù	動 行く。		杭州	Hángzhōu	固 杭州。江蘇省。

簡体字－日本字 対照

里（裏） 是吗（嗎）

1. 動詞「来、去、在」　場所名詞を賓語（目的語）に取る。

你　去　哪儿?
Nǐ　qù　nǎr?

我　去　上海　博物馆。
Wǒ　qù　Shànghǎi　Bówùguǎn.

他们　明天　一起　来　学校　吗?
Tāmen　míngtiān　yìqǐ　lái　xuéxiào　ma?

哥哥　下午　不　在　房间　里。
Gēge　xiàwǔ　bú　zài　fángjiān　li.

2. 語気助詞「吧」　命令、勧誘、意志、推量等を表し、相手に肯定の回答を期待する語気を表す。

我　不去,　你　一　个　人　去　吧。
Wǒ　bú　qù,　nǐ　yí　ge　rén　qù　ba.

咱们　一起　去　咖啡店　吧。
Zánmen　yìqǐ　qù　kāfēidiàn　ba.

他们　都　不　去,　我　一　个　人　去　吧。
Tāmen　dōu　bú　qù,　wǒ　yí　ge　rén　qù　ba.

明天　他　来　这儿　吧。
Míngtiān　tā　lái　zhèr　ba.

3. 存在を表す2種類の表現　動詞「在」と「有」。

教室　里　有　二十五　个　人。
Jiàoshì　li　yǒu　èrshiwǔ　ge　rén.

这儿　没有　厕所。
Zhèr　méiyǒu　cèsuǒ.

小川　先生　也　在　餐厅（里）。
Xiǎochuān xiānsheng　yě　zài　cāntīng　(li).

我　的　手机　不　在　桌子　上。
Wǒ　de　shǒujī　bú　zài　zhuōzi　shang.

4. 名詞述語文　動詞を用いずに名詞がそのままで述語になることがある。

今天　四　月　五　号。
Jīntiān　sì　yuè　wǔ　hào.

我　二十　岁,　不　是　十九　岁。
Wǒ　èrshí　suì,　bú　shì　shíjiǔ　suì.

这个　多少　钱?
Zhège　duōshao　qián?

我　北京　人。
Wǒ　Běijīng　rén.

5. 時を表す状語　時間詞は主語の後ろに置くが、文頭に置くこともできる。

你　明天　去　哪儿?
Nǐ　míngtiān　qù　nǎr?

今天　你　去　哪儿?
Jīntiān　nǐ　qù　nǎr?

明年　四　月　他　去　香港。
Míngnián　sì　yuè　tā　qù　Xiānggǎng.

明年　他　四月　来　东京。
Míngnián　tā　sìyuè　lái　Dōngjīng.

補充単語　🔊 30

博物馆	bówùguǎn	名	博物館。
下午	xiàwǔ	名	午後。昼下がり。
房间	fángjiān	名	部屋。
咖啡	kāfēi	名	コーヒー。
店	diàn	名	店。
教室	jiàoshì	名	教室。
厕所	cèsuǒ	名	便所。トイレ。
先生	xiānsheng	名	～さん。男性に対する呼びかけの語。
餐厅	cāntīng	名	レストラン。
手机	shǒujī	名	携帯電話。
桌子	zhuōzi	名	机。テーブル。

上	shàng	名	上。
今天	jīntiān	名	今日。
～月	yuè	量	～月。
～号	hào	量	～日。
岁	suì	名	～才。年。
钱	qián	名	お金。銭。
现在	xiànzài	名	今。現在。
上海	Shànghǎi	固	上海。
小川	Xiǎochuān	固	小川。
香港	Xiānggǎng	固	香港。
东京	Dōngjīng	固	東京。日本の地名。
长江	Chángjiāng	固	長江。

語順要点

賓語に場所詞を取る動詞「来、去、在」を用いた文

主部	述部				
主語	述語動詞			賓語	文末
名詞	名詞（時間）	副詞	動詞	名詞（場所）	助詞
他		**也**	**去**	**北京。**	
他	**五月**		**来**	**北京**	**吧。**
他	**现在**	**还**	**在**	**教室里**	**吗?**

場所詞 ── ① 地名（固有名詞）　　　（例）中国，北京，长江　etc.
　　　　├ ② 代名詞　　　　　　　　（例）这儿，那里　etc.
　　　　└ ③ 普通名詞＋方位詞　　　（例）教室里，桌子上　etc.

読んでみよう

31

李　先生　是　我　的　中国　朋友。　他　家　在　杭州。　他　有　一　个
Lǐ xiānsheng shì wǒ de Zhōngguó péngyou. Tā jiā zài Hángzhōu. Tā yǒu yí ge

哥哥　和　两　个　妹妹。　今年　九　月，　她们　俩　一起　来　日本。　十　月，
gēge hé liǎng ge mèimei. Jīnnián jiǔ yuè, tāmen liǎ yìqǐ lái Rìběn. Shí yuè,

她们　还　去　美国　和　加拿大。　因为　她们　爸爸　在　美国，　哥哥　在
tāmen hái qù Měiguó hé Jiānádà. Yīnwèi tāmen bàba zài Měiguó, gēge zài

加拿大。
Jiānádà.

単語　妹妹 名 妹。　今年 名 今年。　俩 数 二人。　因为 接 何故なら。　加拿大 固 カナダ。

簡体字－日本字　対照

博物馆（博館）　房间（間）　厕所（廁所）　餐厅（庁）　手机（機）　今天（天）　岁（歳）
钱（銭）　　　　现在（現）　上海（海）　　香港（港）　东京（東）　长江（長）

練習 1　次の拼音を簡体字に改め、更に訳しなさい。

1．Tā bú qù yínháng.
2．Cèsuǒ zài nǎr?
3．Tāmen bù dōu qù Shànghǎi.
4．Dìdi zài fángjiān li, gēge ne?
5．Míngtiān shàngwǔ tā bù lái zhèr.

練習 2　語の性質を考えて並べ替え、更に訳しなさい。

1．（吧，一起，明天，公园，去，咱们）
2．（有，词典，本，这儿，两）
3．（那，我，圆珠笔，在，张，的，桌子上）
4．（人，上午，有，三个，咖啡店里，今天，只）
5．（的，小张，在，桌子上，词典，吗，？）

訳してみよう

1．私は来年上海に行きます。
2．彼らは午前、皆家にいます。
3．今日私の弟は学校に行きません、で、あなたは？
4．明日の午後、私達一緒に博物館に行きましょう。
5．私達の学校にはアメリカ人の先生もいます。

呼びかけの言葉❷　「Xiǎo Biàn」と「Lǎo Rén」

　数年前、ある会合で出席者が順に自己紹介をした時のことです。卞〇〇先生が、「私も今年で50歳になりました。もう小卞（xiǎo Biàn　小便と同音）と呼ぶのはやめてください。」と言って場を和ませてくれました。中国人同士では「小卞！、小卞！」とからかうことがあるのでしょう。因みに任〇〇氏なら「老任」（任は姓の時は Rén と第2声で発音するので、老人と同音になる）とからかわれるのかもしれません。呼びかけの言葉①で「同学」「老师」と書きました。「同学」は学生身分の人に対して呼びかけ（称呼と言います）として使えます。必ずしもクラスメイト、スクールメイトであるとは限りません。学生の劉君に対して「刘同学」と言えますが、「刘学生」とは言えません。同様に「陈老师」とは言えますが、「陈教师」とは言えません。

课文

🔊 32

铃木： 今天 很 热。我 吃 冰淇淋，你 呢?
Língmù　Jīntiān hěn rè. Wǒ chī bīngqílín, nǐ ne?

李静： 我 不 喜欢 冰 的，还是 喝 一 杯 热 咖啡 吧。
Lǐ Jìng　Wǒ bù xǐhuan bīng de, háishi hē yì bēi rè kāfēi ba.

铃木： 你们 家乡 的 夏天 怎么样? 热 不 热?
Língmù　Nǐmen jiāxiāng de xiàtiān zěnmeyàng? Rè bu rè?

李静： 我 老家 在 昆明。夏天 不 太 热，冬天 也 不 太 冷。
Lǐ Jìng　Wǒ lǎojiā zài Kūnmíng. Xiàtiān bú tài rè, dōngtiān yě bú tài lěng.

铃木： 昆明 是 一 个 四季 如 春 的 城市，对 不 对?
Língmù　Kūnmíng shì yí ge sìjì rú chūn de chéngshì, duì bu duì?

李静： 对。我们 家乡 气候 不错，菜 也 很 好吃。
Lǐ Jìng　Duì. Wǒmen jiāxiāng qìhòu búcuò, cài yě hěn hǎochī.

新出单語

🔊 33

很	hěn	副	とても。
热	rè	形	熱い。暑い。 ↔冷
吃	chī	動	食べる。
冰淇淋	bīngqílín	名	アイスクリーム。
喜欢	xǐhuan	動	好む。すき。
冰	bīng	形	冷たい。冷やした。
还是	háishi	副	やはり。それでもなお。
喝	hē	動	飲む。
杯	bēi	量	～杯の。
家乡	jiāxiāng	名	故郷。
夏天	xiàtiān	名	夏。
怎么样	zěnmeyàng	代	どうですか。

太	tài	副	とても。はなはだ。あまりにも。
不太	bú tài		それほど～ではない。
冬天	dōngtiān	名	冬。
冷	lěng	形	冷たい。寒い。 ↔热
四季如春	sìjì rú chūn		常春の。
城市	chéngshì	名	都市。まち。
对	duì	形	はい。そうです。正しい。
气候	qìhòu	名	気候。
不错	búcuò	形	素晴らしい。とてもよい。
菜	cài	名	料理。
好吃	hǎochī	形	美味しい。
昆明	Kūnmíng	固	昆明。雲南省。

簡体字－日本字 対照

热〈熱〉　吃〈喫〉　　冰淇淋〈氷〉　喜欢〈歓〉　冰〈氷〉　还是〈還〉　喝〈喝〉
家乡〈郷〉　怎么样〈麼様〉　冷〈冷〉　　对〈対〉　　气候〈気〉　不错〈錯〉　好吃〈喫〉

34

1. 形容詞述語文　普通、肯定文において形容詞一単語だけでは述語にならない。

昨天　很　热。　　　　　　　　　　　　明天　不　热。
Zuótiān hěn rè.　　　　　　　　　　　Míngtiān bú rè.

他　很　不　认真。　　　　　　　　　　我　不　太　舒服。
Tā hěn bú rènzhēn.　　　　　　　　　　Wǒ bú tài shūfu.

cf. 这个　贵，那个　便宜。（形容詞が一単語だけで述語になる時、対比の意味を持つ。）
　　 Zhège guì, nàge piányi.

2. 主述述語文　「名詞＋名詞＋形容詞」の形を取る。　○○は××が～である。

我　父母　身体　都　很　好。　　　　　我们　学校　学费　不　贵。
Wǒ fùmǔ shēntǐ dōu hěn hǎo.　　　　　Wǒmen xuéxiào xuéfèi bú guì.

3. 反復疑問文　肯定形と否定形を並べ、二択で問う文。

这　是　不　是　你　的　自行车？　　　这　是　你　的　自行车　不　是？
Zhè shì bu shì nǐ de zìxíngchē?　　　Zhè shì nǐ de zìxíngchē bú shì?

今天　有　没有　英语　课？　　　　　　你　吃　不　吃　中国菜？
Jīntiān yǒu méiyǒu Yīngyǔ kè?　　　　Nǐ chī bu chī zhōngguócài?

你们　家乡　冬天　冷　不　冷？　　　　×他　也　是　不　是　中国人？
Nǐmen jiāxiāng dōngtiān lěng bu lěng?　　Tā yě shì bu shì Zhōngguórén?

4. 「怎么样？」　「～はどうですか。」

你　姐姐　最近　身体　怎么样？　　　　这儿　没有　咖啡，喝　茶，怎么样？
Nǐ jiějie zuìjìn shēntǐ zěnmeyàng?　　Zhèr méiyǒu kāfēi, hē chá, zěnmeyàng?

5. 定語（連体修飾語）の構造

① 大　词典　　　　　好人　　　　　新书　　　　　　　（1音節形容詞）
　 dà cídiǎn　　　　hǎorén　　　　xīnshū

② 好吃　的　面包　　漂亮　的　女孩子　　　　　　　　（2音節形容詞）
　 hǎochī de miànbāo　piàoliang de nǚháizi

③ 很　大　的　词典　　最　方便　的　办法　　　　　　（副詞＋形容詞）
　 hěn dà de cídiǎn　zuì fāngbiàn de bànfǎ

④ 英文　书　　　　　韩国　老师　　　　　　　　　　　（国名・言語名など性質を言う語）
　 Yīngwén shū　　　Hánguó lǎoshī

補充単語

35

昨天	zuótiān	图	昨日。	大	dà	形	大きい。 ↔小
认真	rènzhēn	形	真面目である。	新	xīn	形	新しい。 ↔旧・古
舒服	shūfu	形	心地よい。快い。	面包	miànbāo	图	パン。
贵	guì	形	高い。高価である。 ↔便宜	漂亮	piàoliang	形	美しい。綺麗である。
便宜	piányi	形	安い。安価である。	女孩子	nǚháizi	图	女の子　cf. 男孩子
父母	fùmǔ	图	父母。	最	zuì	形	最も。一番。
身体	shēntǐ	图	からだ。	方便	fāngbiàn	形	便利である。
好	hǎo	形	良い。 ↔坏	办法	bànfǎ	图	方法。
学费	xuéfèi	图	学費。	学习	xuéxí	图	勉強。
课	kè	图	授業。	英语	Yīngyǔ	固	英語。
姐姐	jiějie	图	姉。	英文	Yīngwén	固	英文。英文の。
最近	zuìjìn	图	最近。近頃。	韩国	Hánguó	固	韓国。
茶	chá	图	茶。				

形容詞述語文

主部	述部			
主語	（状語）	＋	述語形容詞	文末
名詞	時間詞	副詞	形容詞	助詞
他		很	认真。	
今天		也	热	吗?
他	今天	不	舒服	吧。

←時間詞は主語になることもできる。

主述述語文

主部	述部			
主語	主語	＋	述語形容詞	文末
名詞	名詞	副詞	形容詞	助詞
他	学习	很	好	吗?
我父母	身体	都不	好。	
这儿	夏天		热不热?	

述語部分が形容詞述語文になる。
「主部」は主題・テーマで、「陳述の対象」。
述部は主部についての説明である。
副詞は形容詞の前に置かれる。

読んでみよう

36

小林　的　女朋友　是　小学　老师。她　的　家乡　在　冲绳。　冲绳
Xiǎolín de nǚpéngyou shì xiǎoxué lǎoshī. Tā de jiāxiāng zài Chōngshéng. Chōngshéng

在　日本　的　最　南端，冬天　不　冷，很　少　下　雪。可是　夏天　比较　热。
zài Rìběn de zuì nánduān, dōngtiān bù lěng, hěn shǎo xià xuě. Kěshì xiàtiān bǐjiào rè.

小林　的　老家　在　北海道。他　不　喜欢　热　的。明年　八　月　小林　和
Xiǎolín de lǎojiā zài Běihǎidào. Tā bù xǐhuan rè de. Míngnián bā yuè Xiǎolín hé

她　一起　去　冲绳。　冲绳菜　猪肉　很　有名。可是　小林　只　吃　菜,
tā yìqǐ qù Chōngshéng. Chōngshéngcài zhūròu hěn yǒumíng. Kěshì Xiǎolín zhǐ chī cài,

不　吃　肉。实在　没　办法。
bù chī ròu. Shízài méi bànfǎ.

単語　女朋友 名 ガールフレンド。　小学 名 小学校。　南端 名 南端。　少 形 少ない。　下雪 動 雪が降る。
可是 接 しかし。　比较 副 かなり。　菜 名 野菜。　猪肉 名 豚肉。　有名 形 有名である。
实在 副 本当に、実に。　冲绳 固 沖縄。　北海道 固 北海道。

簡体字ー日本字　対照 ▷

| 认真（認真） | 学费（費） | 贵（貴） | 课（課） | 面包（麺包） | 漂亮（亮） | 办法（辧・弁） |
| 学习（習） | 英语（語） | 韩国（韓） | | | | |

練習 1 次の拼音を簡体字に改め、更に訳しなさい。

1. Tā rènzhēn bu rènzhēn?
2. Xiǎo Zhāng xuéxí hěn bù hǎo.
3. Tāmen xuéxiào liúxuéshēng yě bù duō（不多）.
4. Zhè shì bu shì nǐ gēge de zìxíngchē?
5. Zhèr de qìhòu zěnmeyàng?

練習 2 語の性質を考えて並べ替え、更に訳しなさい。

1. （学校，我们，的，认真，学习，留学生，不太）
2. （也，夏天，热，东京，吗，很，？）
3. （姐姐，也，漂亮，你，很，吧，？）
4. （去，今年，只，夏天，杭州，我们）
5. （来，谁，南京，是，明年，的，老师，？）

訳 してみよう

1. 昨日は暑かった。今日も暑い。
2. 北京は公園が多い都市です。
3. 君は韓国が好きですか。（反復疑問文で）
4. この喫茶店（咖啡店）のパンはどうですか。
5. 彼は自転車を持っていますか。（反復疑問文で）

量詞いろいろ

本 běn	…	もとは草木を数える語だったが、現在では専ら書物に限られる。書籍、雑誌等。
张 zhāng	…	紙、チケット等平らな物を数える。チケット、煎餅、絵画、机、ベッド等。
枝 zhī	…	木の枝を数える（ex. 一枝梅花）。また細短い物。筆、タバコ、鉄砲、等。
条 tiáo	…	細長く、曲がる物を数える。道路、川、橋、ひも、タオル、ズボン、魚、犬、竜等。
把 bǎ	…	握りの取っ手のあるもの。傘、剣、包丁、椅子、松明、急須、扇子等。
只 zhī	…	繁体字は「隻」、靴、手袋、腕等の片方を数える。家畜以外の動物にも用いる。
辆 liàng	…	車両を数える。自動車、自転車、バイク、馬車、荷車等。
棵 kē	…	株を数える。樹木、草木など生きた植物の数に用いる。
口 kǒu	…	人に使うのは家族数の時だけ。戸籍を「戸口」という。また、豚、井戸、刀、鍋等。
件 jiàn	…	荷物や衣類、事柄を数える。衣服、出来事、事件、案件等。
瓶 píng	…	瓶入りのもの。ビール、酒、牛乳、ジュース等。
个 ge	…	個で、広く全般に使える。人は個で数える。

第五課　友達と映画の約束をする

课文

李静：　最近　你　打工　紧张　不　紧张？
Lǐ Jìng　Zuìjìn　nǐ　dǎgōng jǐnzhāng　bu　jǐnzhāng?

铃木：　比较　紧张。我　每　星期天　都　去　一　家　旅游　公司　打工。
Língmù　Bǐjiào　jǐnzhāng. Wǒ　měi　xīngqītiān　dōu　qù　yì　jiā　lǚyóu　gōngsī　dǎgōng.

李静：　明天　上午　你　有　空儿　没有？
Lǐ Jìng　Míngtiān shàngwǔ　nǐ　yǒu　kòngr　méiyǒu?

铃木：　上午　在　公司　打　三　个　小时　工，下午　有　空儿，
Língmù　Shàngwǔ zài　gōngsī　dǎ　sān　ge　xiǎoshí　gōng, xiàwǔ　yǒu　kòngr,

有　什么　事？
yǒu　shénme　shì?

李静：　咱们　一起　去　看　电影，怎么样？
Lǐ Jìng　Zánmen　yìqǐ　qù　kàn diànyǐng, zěnmeyàng?

听说　明天　的　电影　很　有　意思。
Tīngshuō míngtiān　de　diànyǐng hěn　yǒu　yìsi.

铃木：　好！那么，下午　两　点　半，在　车站　见面　吧。
Língmù　Hǎo!　Nàme,　xiàwǔ liǎng diǎn　bàn,　zài　chēzhàn jiànmiàn　ba.

新出単語

打工	dǎ//gōng	名 アルバイト。動 バイトする。（巻末付録、離合詞参照）	
紧张	jǐnzhāng	形 緊張している。忙しい。	
比较	bǐjiào	副 かなり。随分。	
每	měi	代 毎〜。〜毎。	
旅游	lǚyóu	名 旅行。動 旅行する。cf. 旅行	
空儿	kòngr	名 空き。暇。「有空儿」で暇がある。	
在	zài	介 〜で。　場所を導く。	
小时	xiǎoshí	名 時間。60分間。	
有事	yǒu//shì	動 仕事がある。用事がある。	
看	kàn	動 見る。	
电影	diànyǐng	名 映画。	
听说	tīngshuō	動 聞くところによると。	
有意思	yǒu yìsi	形 面白い。	
那么	nàme	接 それでは。	
点	diǎn	量 〜時。　時刻の単位。	
半	bàn	数 半。半分。	
车站	chēzhàn	名 駅。バス停。	
见面	jiàn//miàn	動 会う。顔を合わせる。	

簡体字ー日本字　対照

紧张（緊張）　比较（較）　每（毎）　旅游（遊）　小时（時）　电影（電）　听说（聴説）
那么（麼）　车站（車）　见面（見）

39

1. 介詞「在」　「S + 在（場所）+ V（+ O）」　Sは〜で…する。

他们　在　院子　里　干　什么？　我　也　不　在　床　上　睡觉。
Tāmen zài yuànzi li gàn shénme? Wǒ yě bú zài chuáng shang shuìjiào.

2. 連動文　「S + Va（+ Oa）+ Vb（+ Ob）」　Vb は Va の目的を表す。

他　去　公园　打　太极拳。　李　小姐　明年　不　来　日本　旅游。
Tā qù gōngyuán dǎ tàijíquán. Lǐ xiǎojie míngnián bù lái Rìběn lǚyóu.

我　现在　去　玩儿。　他　坐　电车　去　饭店。
Wǒ xiànzài qù wánr. Tā zuò diànchē qù fàndiàn.

3. 時間量補語　「S + V + 時間量（+ O）」　Sは〜時間（時間の長さ）…する。

你们　休息　五　分　钟　吧。　弟弟　每　天　都　睡　八　个　小时　觉。
Nǐmen xiūxi wǔ fēn zhōng ba. Dìdi měi tiān dōu shuì bā ge xiǎoshí jiào.

他们　学　五　年　汉语。　我　看　两　个　小时　的　电视。
Tāmen xué wǔ nián Hànyǔ. Wǒ kàn liǎng ge xiǎoshí de diànshì.

4. 時刻の表現

1：00	一点　（钟）	2：25	两点　二十五分
	yì diǎn (zhōng)		liǎng diǎn èrshiwǔ fēn
4：30	四点　半, 四点　三十分	5：15	五点　一刻, 五点　十五分
	sì diǎn bàn, sì diǎn sānshí fēn		wǔ diǎn yí kè, wǔ diǎn shíwǔ fēn
6：45	六点　三刻, 六点　四十五分	7：02	七点　零二分
	liù diǎn sān kè, liù diǎn sìshiwǔ fēn		qī diǎn líng èr fēn
11：58	十一点　五十八分, 差　两分　十二点	？：？	几点　几分？
	shíyī diǎn wǔshibā fēn, chà liǎng fēn shí'èr diǎn		jǐ diǎn jǐ fēn?

5. 時間量の表現

一分钟,　　両分钟,　　一刻钟,　　半个小时,　　一个小时,　　两个半小时
yì fēn zhōng, liǎng fēn zhōng, yí kè zhōng, bàn ge xiǎoshí, yí ge xiǎoshí, liǎng ge bàn xiǎoshí

半天,　一天,　两天,　三天半,　一个星期,　两个星期
bàntiān, yì tiān, liǎng tiān, sān tiān bàn, yí ge xīngqī, liǎng ge xīngqī

半个月,　一个月,　两个月,　半　年,　一年,　两年,　三年半
bàn ge yuè, yí ge yuè, liǎng ge yuè, bàn nián, yì nián, liǎng nián, sān nián bàn

補充単語

40

院子	yuànzi	名	中庭。
干	gàn	動	する。行う。
床	chuáng	名	ベッド。「起床」は起床する。
睡觉	shuì//jiào	動	寝る。
打	dǎ	動	する。　多くの動作に用いる。
太极拳	tàijíquán	名	太極拳。「打太极拳」太極拳をする。
小姐	xiǎojie	名	お嬢さん。「小」は第2声に変わる。
玩儿	wánr	動	遊ぶ。
坐	zuò	動	座る。乗る。
电车	diànchē	名	電車。路面電車。
饭店	fàndiàn	名	ホテル。
休息	xiūxi	動	休む。休憩する。

分	fēn	量	〜分。　時刻、時間、お金等の単位。
钟	zhōng	名	〜点钟で〜時。〜分钟で〜分間。
学	xué	動	学ぶ。勉強する。
年	nián	量	年。
电视	diànshì	名	テレビ。　cf. 电视机
刻	kè	量	15分。　時刻、時間の単位。
零	líng	数	ゼロ。
差	chà	動	不足する。
天	tiān	名	日。
星期	xīngqī	名	週。曜日。

介詞文（①②）と連動文（③④⑤）

主部	述部						
主語	述語動詞（状語＋動詞）					賓語	文末
主語	状語		介詞構造（介詞＋賓語）		動詞	名詞	助詞
① 我	每天	都	在	☆图书馆	看	杂志。	
② 他		不	在	☆日本	旅游		吧。

┐賓語（☆印）
┘は省略不可。

主語	状語		動詞（a）＋賓語		動詞（b）	賓語	助詞
③ 我	每天	都	去	★图书馆	看	杂志。	
④ 他		不	来	★（日本）	旅游。		
⑤ 他		都	坐	＊电车	去	饭店	吗？

┐賓語（★印）
┘は省略可。

← 賓語（＊印）
は省略不可。

連動文の「動詞（a）＋賓語」は介詞文「介詞＋賓語」と同構造をもつ。
動詞（a）、動詞（b）は、動作の発生順（a が起こってから b が起こる）になる。
動詞を修飾する要素「時間詞、場所詞、介詞句、副詞」等を以後「状語」と表記する。

時間量補語　動作の継続時間を表すことから「動（作）量補語」ともいう。（下表①②）

主部	述部				
主語	述語動詞		賓語		文末
主語	状語	動詞	数量詞補語	名詞	助詞
① 你	每天　都	喝	三十分钟（的）	茶	吗？
② 我	在家里	看	两个小时（的）	新书。	

← 数量詞（時間量）補語の後
　ろに「的」を置くことができる。

主語	状語	動詞	数量詞定語	名詞	助詞
cf. 你	每天　都	喝	三杯	茶	吗？
cf. 我	在家里	看	两本	新书。	

← 数量詞定語の後ろに
　「的」を置くことはできない。

読んでみよう

🔊 **41**

我　妻子　在　一　家　公司　工作，每　个　星期　都　工作　五　天。她
Wǒ　qīzi　zài　yì　jiā　gōngsī gōngzuò, měi　ge　xīngqī　dōu gōngzuò wǔ　tiān.　Tā

最近　工作　比较　紧张，每　天　很　早　出门。我们　不　在　家　里　吃
zuìjìn　gōngzuò bǐjiào jǐnzhāng, měi　tiān　hěn　zǎo chūmén. Wǒmen　bú　zài　jiā　li　chī

早饭。早上　只　喝　一　杯　茶　或者　一　杯　咖啡。我们　都　在　去
zǎofàn. Zǎoshang zhǐ　hē　yì　bēi　chá　huòzhě　yì　bēi　kāfēi. Wǒmen　dōu zài　qù

公司　的　路上　吃　早点。有　时候　在　月台　上　吃　面条，有　时候　去
gōngsī　de　lùshang chī　zǎodiǎn. Yǒu shíhou　zài　yuètái shang chī miàntiáo, yǒu shíhou　qù

面包店　买　面包　吃。我们　真　是　一　对　可怜　的　夫妇　呀！
miànbāodiàn　mǎi miànbāo　chī. Wǒmen zhēn　shì　yí　duì　kělián　de　fūfù　ya!

練習 1　次の拼音を簡体字に改め、更に訳しなさい。

1．Nǐmen lǎoshī zài nǎr chīfàn?
2．Tā měi tiān dōu qù gōngyuán gàn shénme?
3．Nǐmen jǐ diǎn shuìjiào?
4．Tā lái Rìběn xué jǐ nián yīxué（医学）?
5．Wǒ zuìjìn xuéxí hěn jǐnzhāng, méiyǒu kòngr.

練習 2　語の性質を考えて並べ替え、更に訳しなさい。

1．（饭店，每星期天，去，小王，吃饭，都）
2．（北京，她，不，玩儿，夏天，去，今年）
3．（一起，喝，怎么样，咱们，现在，咖啡，？）
4．（她，英语，每天，图书馆，去，学习，三个小时）
5．（他，英语，每天，图书馆，去，学习，三点一刻）

訳してみよう

1．彼は毎日家で3時間テレビをみます。
2．私達は教室の中でお茶を飲みません。
3．私は公園で1時間太極拳をします。
4．今日の午後、遊びに行きませんか。（怎么样 zěnmeyàng）
5．午後は用事はありません。何のご用ですか。

単語　工作 働 働く。 早 形 早い。 出门 働 出かける。 早饭 名 朝食。 早上 名 朝。 或者 接 或いは。 路上 名 途中。 早点 名 朝食。 有时候 名 ある時。 月台 名 プラットホーム。 面条 名 麺類。 真 副 実に。 对 量 〜対の。 可怜 形 可哀想である。 夫妇 名 夫婦。 呀 助 詠嘆の語気を表す。

簡体字－日本字　対照

干（幹）　　睡觉（覚）　　太极拳（極）　　电车（電車）　　饭店（飯）　　电视（電視）　　钟（鐘）
零（零）　　差（差）

第六課 张明さんがお土産を

课文

🔊 42

铃木： 好久 不 见 了。 你 去 哪儿 了?
Língmù　 Hǎojiǔ bú jiàn le. Nǐ qù nǎr le?

张明： 去 杭州 了。
Zhāng Míng　 Qù Hángzhōu le.

铃木： 对， 你 夫人 是 杭州 人。 去 杭州 干 什么?
Língmù　 Duì, nǐ fūren shì Hángzhōu rén. Qù Hángzhōu gàn shénme?

张明： 因为 她 妹妹 结婚， 我 跟 妻子 一起 去 参加了 结婚 典礼。
Zhāng Míng　 Yīnwèi tā mèimei jiéhūn, wǒ gēn qīzi yìqǐ qù cānjiāle jiéhūn diǎnlǐ.

铃木： 从 上海 到 杭州 的 路 风景 怎么样?
Língmù　 Cóng Shànghǎi dào Hángzhōu de lù fēngjǐng zěnmeyàng?

张明： 风景 很 好看。 这些 都 是 给 朋友 买 的 土特产。
Zhāng Míng　 Fēngjǐng hěn hǎokàn. Zhèxiē dōu shì gěi péngyou mǎi de tǔtèchǎn.
我 给 你 一 件， 你 随便 挑 一 挑。
Wǒ gěi nǐ yí jiàn, nǐ suíbiàn tiāo yi tiāo.

新 出 単 語

🔊 43

好久不见了	hǎojiǔ bú jiàn le		お久しぶりです。
好久	hǎojiǔ	名	かなり長い間。
见	jiàn	動	会う。
了	le	助	～した。完了、変化等を表す。
夫人	fūren	名	夫人。奥様。
因为	yīnwèi	接	～なので。
结婚	jié//hūn	動	結婚する。 ↔离婚
跟	gēn	介	～と。
参加	cānjiā	動	参加する。出席する。
典礼	diǎnlǐ	名	式典。
从	cóng	介	～から。
到	dào	動	到る。～まで。

路	lù	名	道。路程。
风景	fēngjǐng	名	風景。
好看	hǎokàn	形	きれいである。
这些	zhèxiē	代	これら。「这一些」のつづまった形。
给	gěi	介	～に。
朋友	péngyou	名	友達。友人。
买	mǎi	動	買う。
土特产	tǔtèchǎn	名	地方の特産物。
给	gěi	動	与える。介 ～に。
件	jiàn	量	～個の。
随便	suíbiàn	形	好き勝手にする。
挑	tiāo	動	選ぶ。pick up する。

簡体字－日本字　対照

见（見）　因为（為）　结婚（結）　从（従）　风景（風）　这些（這）　给（給）
买（買）　土特产（產）

1. 二重目的語　　「S＋V＋人＋物」　Sは（人）に（物）を…する。

我　给　你　一　条　围巾。
Wǒ　gěi　nǐ　yì　tiáo　wéijīn.

他　教　不　教　我们　英语？
Tā　jiāo　bu　jiāo　wǒmen　Yīngyǔ?

2. 動作の完了を表す助詞「了」　　「～した（～した結果…になった）。」

他　买　雨伞　了。
Tā　mǎi　yǔsǎn　le.

他　买了　一　把　雨伞。
Tā　mǎile　yì　bǎ　yǔsǎn.

我　问了　他　几　个　问题。
Wǒ　wènle　tā　jǐ　ge　wèntí.

我们　没有　谈话。
Wǒmen　méiyǒu　tánhuà.

你　吃饭　了　没有？
Nǐ　chīfàn　le　méiyǒu?

你　看了　那　部　电影　没有？
Nǐ　kànle　nà　bù　diànyǐng　méiyǒu?

cf.「不」と「没（有）」

明天　我　不　去　看　戏。
Míngtiān　wǒ　bú　qù　kàn　xì.

昨天　我　没(有)　去　看　戏。
Zuótiān　wǒ　méi(yǒu)　qù　kàn　xì.

3. 介詞「从」と動詞「到」　　「从」「到」の後ろには、場所か時間を表す語を取る。

我　从　首都　机场　坐　飞机。
Wǒ　cóng　Shǒudū　Jīchǎng　zuò　fēijī.

下午　我们　到　北海　公园　去。
Xiàwǔ　wǒmen　dào　Běihǎi　Gōngyuán　qù.

4. 介詞「给」　　「给」の後ろには間接目的語（人を表す語）を取る。

我　给　你　买　一　条　领带。
Wǒ　gěi　nǐ　mǎi　yì　tiáo　lǐngdài.

昨天　妈妈　没有　给　我　做　饭。
Zuótiān　māma　méiyǒu　gěi　wǒ　zuò　fàn.

5. 動詞の重ね型　　「ちょっと～する。」

我　谈　一　谈　我　的　家庭。
Wǒ　tán　yi　tán　wǒ　de　jiātíng.

你们　在　那儿　跳跳舞　吧。
Nǐmen　zài　nàr　tiàotiaowǔ　ba.

他　看了　一　看　照片。
Tā　kànle　yí　kàn　zhàopiàn.

咱们　一起　学习　学习。
Zánmen　yìqǐ　xuéxí　xuéxí.

補充単語

条	tiáo	量	～本の。細長い物を数える。
围巾	wéijīn	名	マフラー。
教	jiāo	動	教える。
雨伞	yǔsǎn	名	雨傘。
问	wèn	動	問う。尋ねる。
几	jǐ	数	幾つかの。10以下の不定数をいう。
问题	wèntí	名	問題。質問。トラブル。
没有	méiyǒu	副	～していない。～しなかった。
谈话	tán//huà	動	話す。
吃饭	chī//fàn	動	食事をする。ご飯を食べる。
部	bù	量	～つの。
戏	xì	名	芝居。劇。
飞机	fēijī	名	飛行機。

领带	lǐngdài	名	ネクタイ。
做	zuò	動	する。作る。
谈	tán	動	話す。
家庭	jiātíng	名	家庭。
跳舞	tiào//wǔ	動	踊る。ダンスをする。
照片	zhàopiàn	名	写真。
已经	yǐjing	副	既に。
常常	chángcháng	副	しょっちゅう。いつも。
告诉	gàosu	動	告げる。教える。伝える。
地址	dìzhǐ	名	住所。
首都机场	Shǒudū Jīchǎng	固	北京空港。
北海公园	Běihǎi Gōngyuán	固	北海公園。（北京にある）

語順要点

動作の完了を表す「了」（語気助詞・動態助詞）

主部	述部					
主語	述語動詞			賓語		文末
主語	状語	動詞（＋助詞）		数量詞	名詞	助詞
他	**上午**	**去**			**学校**	**了吗?**
他	**还没有**	**去**			**学校。**	
他	**已经**	**吃**			**面包**	**了。**
他		**吃**	**了**	**两块**	**面包**	

←「没有＋動詞」文には「了」を付けることができない。

← 賓語が数量詞等を伴う時。

＊文末に置かれる「了」を語気助詞と呼び、動詞に接尾する「了」を動態助詞と呼ぶ。

＊我跟妻子一起去参加了结婚典礼。→動詞（参加）が状語（跟妻子一起去）を伴う時、「了」は動詞に接尾してもよい。

間接目的語を取る動詞

主部	述部					
主語	述語動詞			賓語		文末
主語	状語	動詞（＋助詞）		間接賓語（人）	直接賓語（物）	助詞
他	**在家里**	**教**		**几个　学生**	**英语。**	
她	**昨天**	**给**	**了**	**我**	**一条　围巾。**	
老师	**常常**	**问**		**你**	**什么?**	
她	**还没有**	**告诉**		**我们**	**她的　地址**	**呢。**

読んでみよう

46

元旦　是　我　的　生日。今年　元旦　姐姐　送了　我　很　多　DVD 电影。
Yuándàn shì wǒ de shēngrì. Jīnnián yuándàn jiějie sòngle wǒ hěn duō DVD diànyǐng.
我　喜欢　看　电影。从　那　天　起，我　每　天　都　看　两　三　部　电影。
Wǒ xǐhuan kàn diànyǐng. Cóng nà tiān qǐ, wǒ měi tiān dōu kàn liǎng sān bù diànyǐng.
这　十几　天，我　常常　忘了　吃饭　一直　看到　深夜。我　妻子　很　不
Zhè shíjǐ tiān, wǒ chángcháng wàngle chīfàn yìzhí kàndào shēnyè. Wǒ qīzi hěn bù
高兴，说：“我　不　是　保姆。你　去　家政　服务　公司　找　保姆　吧。”
gāoxìng, shuō: “Wǒ bú shì bǎomǔ. Nǐ qù jiāzhèng fúwù gōngsī zhǎo bǎomǔ ba.”
最近，她　不　给　我　做　饭。我　每　天　去　附近　的　便利店　买　几
Zuìjìn, tā bù gěi wǒ zuò fàn. Wǒ měi tiān qù fùjìn de biànlìdiàn mǎi jǐ
个　面包　吃。
ge miànbāo chī.

練習 ① 次の拼音を簡体字に改め、更に訳しなさい。

1. Nǐ zài Hángzhōu mǎi shénme le?
2. Tā gěi wǒ tántan tā de jiātíng.
3. Zánmen cóng Běijīng zuò fēijī qù.
4. Tā zuótiān méiyǒu lái, wǒ jīntiān bú qù.
5. Māma zuò fàn le méiyǒu? Méiyǒu.

練習 ② 語の性質を考えて並べ替え、更に訳しなさい。

1. （北京，已经，了，电影，在，部，我，看，那）
2. （女朋友，给，买，我，领带，每年）
3. （这儿，到，飞机，上海，我们，从，坐，去）
4. （在，房间，谈，谈∥话，里，我们，吧）
5. （小时，他，打∥工，昨天，了，两个）

訳 してみよう

1. 彼は私にマフラーを一枚くれました。
2. 陳君は私に住所を教えて（告诉 gàosu）くれません。
3. 私は今朝コーヒーを5杯飲みました。
4. 私は杭州で特産品（特产 tèchǎn）を買いませんでした。
5. 私は明日午前9時から午後5時までバイトに行きます。

単語 元旦 图 元旦。 生日 图 誕生日。 送 動 送る。贈る。 起 動 始まる。 忘 動 忘れる。
一直 副 そのままずっと。 看到 動 ～まで見る。 深夜 图 真夜中。 高兴 形 楽しい。 说 動 言う。
保姆 图 家政婦。 家政服务公司 图 家政婦斡旋会社。 服务 動 サービスする。 找 動 捜す。
附近 图 付近。 便利店 图 コンビニ。

簡体字－日本字 対照

围巾 (囲)	雨伞 (傘)	几 (幾)	问题 (問題)	谈话 (談話)	戏 (戯)	飞机 (飛機)
领带 (領帯)	已经 (経)	告诉 (訴)	机场 (機場)			

张さんは料理が上手

课文

47

铃木：　听说　中国　男人　做菜　做　得　也　很　好。
Língmù　Tīngshuō Zhōngguó nánrén zuòcài zuò de yě hěn hǎo.

　　　　你　会　不　会　包　饺子?
　　　　Nǐ　huì　bu　huì　bāo　jiǎozi?

张明：　当然　会　呀!　我　每　星期　吃　两　三　次　饺子。
Zhāng Míng　Dāngrán huì ya! Wǒ měi xīngqī chī liǎng sān cì jiǎozi.

　　　　昨天　也　包了　一　个　多　小时　饺子。
　　　　Zuótiān yě bāole yí ge duō xiǎoshí jiǎozi.

铃木：　包　一　份儿　饺子　要　多长　时间?
Língmù　Bāo yí fènr jiǎozi yào duōcháng shíjiān?

张明：　我　一　个　小时　能　包　三　斤　饺子。
Zhāng Míng　Wǒ yí ge xiǎoshí néng bāo sān jīn jiǎozi.

　　　　一　斤　饺子　大约　有　两　三　份儿　吧。
　　　　Yì jīn jiǎozi dàyuē yǒu liǎng sān fènr ba.

铃木：　我　没　包过。
Língmù　Wǒ méi bāoguo.

　　　　以后　我　想　跟　你　学　包　饺子，请　多　多　指教。
　　　　Yǐhòu wǒ xiǎng gēn nǐ xué bāo jiǎozi, qǐng duō duō zhǐjiào.

新出単語 48

男人	nánrén	名	男の人。男性。
做菜	zuò//cài	動	料理を作る。
得	de	助	～すること。
会	huì	助動 ～できる。 動 上手である。
包	bāo	動	包む。
饺子	jiǎozi	名	ギョーザ。「包饺子」餃子を作る。
当然	dāngrán	副	当然。
呀	ya	助	自明のことであるという語気を表す。
次	cì	量	～回。
多	duō	数 余り。形 多い。
份儿	fènr	量	～人前。
要	yào	動	必要である。かかる。

多长	duō cháng	どれくらい。「多」は副詞。
时间	shíjiān	名	時間。
能	néng	助動 ～できる。
斤	jīn	量	～斤。500グラム cf. 1公斤＝1kg
大约	dàyuē	副	おおよそ。
过	guo	助	～したことがある。経験を表す。
以后	yǐhòu	名	以後。
想	xiǎng	動	考える。～したいと思う。
请	qǐng	動	頼む。請う。
指教	zhǐjiào	動	教えを請う。教えて下さい。

簡体字－日本字　対照

包（包）　饺子（餃）　多长（長）　时间（時間）　大约（約）　过（過）　以后（後）　请（請）

49

1. 様態補語を導く「得」 「動詞＋得＋形容詞」の形を取ることが多い。

他 学 得 很 好。
Tā xué de hěn hǎo.

他 英语 学 得 好 不 好？
Tā Yīngyǔ xué de hǎo bu hǎo?

他 吃饭 吃 得 不 快 吧？
Tā chīfàn chī de bú kuài ba?

他 唱歌 唱 得 怎么样？
Tā chànggē chàng de zěnmeyàng?

2. 可能を表す助動詞「会」と「能」

他 会 骑 自行车 吗？
Tā huì qí zìxíngchē ma?

你 会 不 会 滑雪？
Nǐ huì bu huì huáxuě?

你 会 汉语 吗？
Nǐ huì Hànyǔ ma?

我 只 会 一点儿。 （動詞にもなる）
Wǒ zhǐ huì yìdiǎnr.

我 一 小时 能 打 三千 个 汉字。
Wǒ yì xiǎoshí néng dǎ sānqiān ge Hànzì.

你 今天 能 去 游泳 吗？
Nǐ jīntiān néng qù yóuyǒng ma?

cf. 我 不 会 喝 酒。
Wǒ bú huì hē jiǔ.

我 不 能 喝 白酒。
Wǒ bù néng hē báijiǔ.

3. 介詞「跟」 「…と～する。（6課） …から～する。（7課）」

我 想 跟 陈 瑛 结婚。
Wǒ xiǎng gēn Chén Yīng jiéhūn.

我 的 孩子 跟 他们 一起 去 学校。（6課）
Wǒ de háizi gēn tāmen yìqǐ qù xuéxiào.

你们 跟 谁 学 汉语？
Nǐmen gēn shéi xué Hànyǔ?

我 没有 跟 奶奶 借 钱。 （7課）
Wǒ méiyǒu gēn nǎinai jiè qián.

4. 状況の変化を表す助詞「了」 「～になる。～になった。」

他 是 大学生 了。
Tā shì dàxuéshēng le.

我 没有 钱 了。
Wǒ méiyǒu qián le.

天 黑 了，人 也 少 了。
Tiān hēi le, rén yě shǎo le.

我 想 去 旅游 了。
Wǒ xiǎng qù lǚyóu le.

5. 経験を表す助詞「过」 「～したことがある。」否定文は「没有」を用いる。

你 在 那儿 游过 泳 吗？
Nǐ zài nàr yóuguo yǒng ma?

我 还 没有 谈过 恋爱。
Wǒ hái méiyǒu tánguo liàn'ài.

你 爬过 泰山 没有？
Nǐ páguo Tàishān méiyǒu?

我 以前 吃过 一 次 北京 烤鸭。
Wǒ yǐqián chīguo yí cì Běijīng kǎoyā.

補充単語

50

快	kuài	形 速い。		天	tiān	名 天。そら。
唱歌	chàng//gē	動 歌う。		黑	hēi	形 黒い。暗い。
骑	qí	動 （またいで）乗る。		少	shǎo	形 少ない。
滑雪	huá//xuě	動 スキーをする。		恋爱	liàn'ài	名 恋愛。 「谈恋爱」は恋をする。
一点儿	yìdiǎnr	数量 少し。僅かばかり。		爬	pá	動 登る。
打字	dǎ//zì	動 （タイプ等で）文字を打つ。		以前	yǐqián	名 以前。
游泳	yóu//yǒng	動 泳ぐ。		烤鸭	kǎoyā	名 北京ダック。 料理名。
酒	jiǔ	名 酒。		电影院	diànyǐngyuàn	
白酒	báijiǔ	名 酒。 蒸留酒全般をさす。				名 映画館。
奶奶	nǎinai	名 父方の祖母。 cf. 姥姥		泰山	Tàishān	固 泰山。 山東省にある山の名。
借	jiè	動 借りる。貸す。				

語順要点

数量詞を伴う賓語

主部	述部				
主語	述語動詞			賓語	文末
主語	状語		動詞	数量詞	名詞	助詞
我	上个星期	在家里	看了	三部	电影。	
我	昨天	在电影院	看了	三个小时	电影。	
我	今年夏天	在北京	看了	三次	电影。	
你	没有	跟他一起	看过		电影	吧。

← 「三部」の「部」は名量詞

「三个小时」「三次」の「小时」「次」は動量詞とよぶ。

様態補語を導く「得」（構造助詞）

主部	述部					
主語	（挿入）名詞句	名詞句		述語形容詞		文末
主語	（動詞＋賓語）	動詞＋得		副詞＋形容詞（様態）		助詞
他		学	得	很	好	吗?
他		学	得		怎么样?	
她	英语	学	得	不太	好。	
她	学 英语	学	得	很	好	了。
cf. 他		身体		很	好	了。
cf. 他		身体			怎么样?	

名詞（主語）＋ V 得＋形容詞。

名詞＋名詞句＋ V 得＋形容詞。

← 主述述語文で
名詞（主語）＋名詞＋形容詞。

読んでみよう

51

木下　说　意大利语　说　得　很　好。他　一　家　从　2000年　到
Mùxià shuō Yìdàlìyǔ shuō de hěn hǎo. Tā yì jiā cóng èrlínglínglíng nián dào

2004年　在　罗马　住了　五　年。以前，我　看过　他　在　河边　唱
èrlínglíngsì nián zài Luómǎ zhùle wǔ nián. Yǐqián, wǒ kànguo tā zài hébiān chàng

意大利语　歌，他　唱　得　真　不错。我　还　没　去过　欧洲。可是，我　喜欢
Yìdàlìyǔ gē, tā chàng de zhēn búcuò. Wǒ hái méi qùguo Ōuzhōu. Kěshì, wǒ xǐhuan

看　意大利　歌剧，我　想　去　那儿　亲眼　看看　歌剧　的　舞台。我　学过
kàn Yìdàlì gējù, wǒ xiǎng qù nàr qīnyǎn kànkan gējù de wǔtái. Wǒ xuéguo

三　年　意大利语，但　只　会　一点儿　了。我　不　知道　什么　时候　能
sān nián Yìdàlìyǔ, dàn zhǐ huì yìdiǎnr le. Wǒ bù zhīdào shénme shíhou néng

一　个　人　去　那儿　旅游。
yí ge rén qù nàr lǚyóu.

次の拼音を簡体字に改め、更に訳しなさい。

1. Tā qùnián shì dàxuéshēng le.
2. Nǐ yóuyǒng yóu de hěn hǎo.
3. Wǒmen páguo liǎng cì Tàishān.
4. Nǐ xiǎng bu xiǎng chī jiǎozi?
5. Wǒ hái méiyǒu bāoguo jiǎozi.

練習 2 語の性質を考えて並べ替え、更に訳しなさい。

1. （想，你，去，不，吃，想，北京，北京烤鸭，？）
2. （你们，那儿，游//泳，在，没有，过，？）
3. （我爸爸，会，汉语，一点儿，说，只）
4. （去，能，你，不，太极拳，明天，能，公园，打，？）
5. （一次，以前，他，跟，借，过，我，钱）

してみよう

1. 兄は食べるのが速く、弟は食べるのが速くない。
2. 山田君は英語を話すのはどんなですか。
3. 私は去年泳げなかったが、今年は泳げるようになりました。
4. 弟は昨日張さんからお金を借りました（跟 gēn）。
5. 彼らは中国映画（中国电影 Zhōngguó diànyǐng）を見たことがありません。

単語 住 動 住む。 河边 名 川原。 歌剧 名 歌劇。オペラ。 亲眼 副 自分の目で。 舞台 名 舞台。
知道 動 分かる。知る。 木下 固 木下。 意大利 固 イタリア。 罗马 固 ローマ。 欧洲 固 欧州。

簡体字－日本字　対照

骑（騎）　滑雪（滑）　骨（骨）　游泳（遊）　天（天）　黑（黒）　恋爱（愛）　以前（以）
烤鸭（鴨）

友人と辞典を買いに

课文

52

铃木：今天　我们　去了　很　多　书店，我　已经　累死　了。
Língmù　Jīntiān　wǒmen　qùle　hěn　duō　shūdiàn,　wǒ　yǐjing　lèisǐ　le.

李静：今天　有点儿　闷热，而且　你　走　得　又　很　快，我　也　走累　了。
Lǐ Jìng　Jīntiān　yǒudiǎnr　mēnrè,　érqiě　nǐ　zǒu　de　yòu　hěn　kuài,　wǒ　yě　zǒulèi　le.

铃木：咱们　找　个　地方　休息　一下，好　不　好?
Língmù　Zánmen　zhǎo　ge　dìfang　xiūxi　yíxià,　hǎo　bu　hǎo?

李静：很　好。快　十二　点　了。你　要　不　要　吃　午饭?
Lǐ Jìng　Hěn　hǎo.　Kuài　shí'èr　diǎn　le.　Nǐ　yào　bu　yào　chī　wǔfàn?

铃木：我　累　是　累　了，不过　还　没　饿，不用　吃饭。
Língmù　Wǒ　lèi　shì　lèi　le,　búguò　hái　méi　è,　búyòng　chīfàn.

李静：明白　了。那　还是　先　买　需要　的　工具书，
Lǐ Jìng　Míngbai　le.　Nà　háishi　xiān　mǎi　xūyào　de　gōngjùshū,

然后　再　吃　午饭　吧。
ránhòu　zài　chī　wǔfàn　ba.

新出単語

53

书店	shūdiàn	名	書店。本屋。
累	lèi	形	疲れている。
			cf. 累 lěi 積み重なる。
～死了	sǐ le		とても～である。
有点儿	yǒudiǎnr	副	少し。やや。
闷热	mēnrè	形	蒸し暑い。
而且	érqiě	接	その上。しかも。
走	zǒu	動	歩く。行く。
又	yòu	副	また。更に。
找	zhǎo	動	さがす。訪問する。
地方	dìfang	名	場所。
一下	yíxià	数量	一回。ちょっと～する。

快	kuài	副	間もなく～である。
要	yào	助動	～する必要がある。
午饭	wǔfàn	名	昼飯。昼食。
不过	búguò	接	しかし。でも。
饿	è	形	空腹である。
不用	búyòng	副	～する必要がない。
明白	míngbai	動	分かる。理解する。
先	xiān	副	先ず。さきに。
需要	xūyào	動	必要である。
工具书	gōngjùshū	名	辞書・事典・年鑑等の参考書。
然后	ránhòu	接	その後。それから。
再	zài	副	その後。さらに。

簡体字－日本字　対照

书店（書）　　闷热（悶熱）　　午饭（飯）　　不过（過）　　饿（餓）　　工具书（具書）　　然后（後）

1. 程度補語、程度補語を導く助詞「得」　形容詞の後ろに程度を表す語を置く。

我　现在　饿坏　了。
Wǒ　xiànzài　èhuài　le.

你　的　词典　好　多　了。
Nǐ　de　cídiǎn　hǎo　duō　le.

这个　西瓜　大　得　很。
Zhège　xīguā　dà　de　hěn.

这　辆　汽车　贵　得　多。
Zhè　liàng　qìchē　guì　de　duō.

2. 結果補語　複合動詞で、「動詞＋動詞」、又は「動詞＋形容詞」の形を取る。

明天　的　戏票　都　卖完　了。
Míngtiān　de　xìpiào　dōu　màiwán　le.

我　看完了　那　本　书，可是　还　没有　看懂。
Wǒ　kànwánle　nà　běn　shū, kěshì　hái　méiyǒu　kàndǒng.

你们　摆好　展品　了　吗？
Nǐmen　bǎihǎo　zhǎnpǐn　le　ma?

衣服　洗干净　了　没有？
Yīfu　xǐgānjìng　le　méiyǒu?

3. 動詞＋「一下」　「一回〜する。」（原義）、「ちょっと〜する。」（派生義）

请　你　敲　一下　门　吧。
Qǐng　nǐ　qiāo　yíxià　mén　ba.

我　来　介绍　一下。
Wǒ　lái　jièshào　yíxià.

请　在　这儿　等　我　一下　吧。
Qǐng　zài　zhèr　děng　wǒ　yíxià　ba.

咱们　在　这儿　等　一下　汽车　吧。
Zánmen　zài　zhèr　děng　yíxià　qìchē　ba.

4. 助動詞「要」　必要、義務、願望とその否定形。

必要：我　今天　也　要　吃　药　吗？ → 你　今天　不用　吃　药。　「不用」は不必要。
Wǒ　jīntiān　yě　yào　chī　yào　ma?　Nǐ　jīntiān　búyòng　chī　yào.

義務：我　下午　还　要　去　打工。 → 你　今天　不要　去　打工。「不要」は禁止。
Wǒ　xiàwǔ　hái　yào　qù　dǎgōng.　Nǐ　jīntiān　búyào　qù　dǎgōng.

願望：你　要　吃　这些　菜　吗？ → 我　不　想　吃　这些　菜。
Nǐ　yào　chī　zhèxiē　cài　ma?　Wǒ　bù　xiǎng　chī　zhèxiē　cài.

5. 将然（近接未来）を表す「快，要」　「まもなく…になる。」多く文末に「了」をつける。

香山　的　红叶　快　红　了。
Xiāngshān　de　hóngyè　kuài　hóng　le.

天　阴　了，要　下　雨　了。
Tiān　yīn　le, yào　xià　yǔ　le.

你　快　五十　岁　了　吧。
Nǐ　kuài　wǔshí　suì　le　ba.

火车　马上　就要　到　北京　车站　了。
Huǒchē　mǎshang　jiùyào　dào　Běijīng　Chēzhàn　le.

補 充 単 語

〜坏了	huài le		とても〜である。
〜多了	duō le		とても〜である。
西瓜	xīguā	名	スイカ。
汽车	qìchē	名	自動車。「汽油」はガソリン。
戏票	xìpiào	名	芝居のチケット。
卖	mài	動	売る。
完	wán	動	終わる。終える。
懂	dǒng	動	分かる。理解する。
摆	bǎi	動	陳列する。並べる。
展品	zhǎnpǐn	名	展示品。
衣服	yīfu	名	衣類。
洗	xǐ	動	洗う。
干净	gānjìng	形	きれい。清潔である。
敲	qiāo	動	叩く。(ドアを) ノックする。
门	mén	名	ドア。門。
介绍	jièshào	動	紹介する。
等	děng	動	待つ。
药	yào	名	薬。
不要	búyào	副	〜してはならない。
红叶	hóngyè	名	紅葉。
红	hóng	形	赤い。
阴	yīn	形	曇る。
雨	yǔ	名	雨。　「下雨」雨が降る。
火车	huǒchē	名	汽車。
马上	mǎshang	副	直ちに。すぐさま。
就要	jiùyào	副	すぐさま。
哪儿	nǎr	代	どこか。
找到	zhǎodào	動	探し当てる。見つかる。
香山	Xiāngshān	固	香山。　北京にある山の名。

目的語の性質と語順

主部	述部					
主語	述語動詞		賓語			文末
主語	状語	動詞（＋助詞）	代名詞	数量詞	名詞	助詞
咱们	在这儿	等		一下	汽车	吧。
你们	跟他一起	等	我	一下		吧。
爸爸	以前	去　过		两次	上海	吗?
我	在哪儿	见　过	她	一次。		
她	每次	等	我	半天。		
cf. 我	已经	问　了	你	两次	地址。	
cf. 爸爸	在家里	教　过	他们	五年	英语。	

「一下」
「数量詞」
「二重目的」

読んでみよう

🔊 **56**

　　昨天　我　的　信用卡　不　见　了。当初, 我　以为　妻子　带去　了,
　　Zuótiān　wǒ　de　xìnyòngkǎ　bú　jiàn　le. Dāngchū, wǒ　yǐwéi　qīzi　dàiqù　le,

所以　没　找。晚上　妻子　回来　后, 我　问了　她　一下　信用卡　在　哪儿。
suǒyǐ　méi　zhǎo. Wǎnshang qīzi　huílái　hòu, wǒ　wènle　tā　yíxià　xìnyòngkǎ zài　nǎr.

她　说　不　知道。于是, 我　马上　就　开始　找, 一直　找到　深夜　也　没
Tā　shuō　bù　zhīdào. Yúshì, wǒ　mǎshang　jiù　kāishǐ　zhǎo, yìzhí　zhǎodào shēnyè　yě　méi

找到。没　办法, 今天　上午　九　点　我　就　通知了　信用卡　公司。
zhǎodào. Méi　bànfǎ, jīntiān shàngwǔ jiǔ　diǎn　wǒ　jiù　tōngzhīle　xìnyòngkǎ gōngsī.

公司　说：作废　手续　要　两　三　个　小时, 十二　点　以后　就　失效　了。
Gōngsī shuō：zuòfèi　shǒuxù　yào liǎng　sān　ge　xiǎoshí, shí'èr　diǎn　yǐhòu　jiù　shīxiào　le.

我　才　放心　了。
Wǒ　cái　fàngxīn　le.

単語　信用卡 名 クレジットカード。 当初 名 初め。 以为 動 思いこむ。 带去 動 持って行く。
所以 接 だから。 晚上 名 晩上。夜。 回来 動 帰ってくる。 于是 接 そこで。 就 副 すぐに。そこで。
开始 動 始める。 通知 動 通知する。 作废 動 無効にする。 手续 名 手続き。 失效 動 失効する。
才 副 やっと。 放心 動 安心する。

簡体字－日本字　対照

坏了（壊）　　汽车（車）　　戏票（戯）　　卖（売）　　摆（擺）　　干净（乾浄）　　介绍（紹）　　药（薬）
红叶（紅葉）　阴（陰）　　火车（車）　　马上（馬）

練習 1 次の拼音を簡体字に改め、更に訳しなさい。

1. Zhè běn cídiǎn hǎo shì hǎo, kěshì guì de hěn.
2. Míngtiān de fēijīpiào dōu màiwán le.
3. Nǐ yào de yīfu yǐjing dōu xǐhǎo（洗好）le.
4. Kuài shí'èr diǎn le, nǐ yào qù chī wǔfàn.
5. Wǒmen de jiàoshì hái méiyǒu dǎsǎogānjìng（打扫干净）.

練習 2 語の性質を考えて並べ替え、更に訳しなさい。

1. （看，妈妈，他，一下，了）
2. （中国，喝，我，一下，红茶，的，了）
3. （几，热，这，天，极了）
4. （你，吃完，没有，晚饭，了，？）
5. （不用，她，今天，给，做，我，饭）

訳してみよう

1. 僕は今日とても忙しい（〜坏了 huài le）です。行けなくなりました。
2. 君は自転車を探し当て（找到 zhǎodào）ましたか。（反復疑問文）
3. 明日君はバイトに来る必要はありません。
4. 君は体がまだ良くなっていません。君は旅行に出かけてはなりません。
5. 今日私は10時間バイトしました、ひどく疲れました（〜死了 sǐ le）。

歇后语（xiéhòuyǔ）

　洒落言葉に「孔夫子搬家。」（孔子様のお引っ越し）があります。孔子は学者ですから引っ越しの荷物は、「都是书」（本ばかり）です。「书」は「输（shū）」（負け）と同音で、勝負に負けてばかりのことです。また、「青蛙跳井。」（蛙が井戸に飛び込む）は、その時の音がポトン「Bù dǒng」（不懂）ですから、「分かりません。」の意味になります。こういうのを「歇后语」と言います。ところで、酒好きがよく「酒逢知己千杯少」（酒は知己に逢えば千杯といえども少なし）と言いながら酒を酌み交わします。気心のあった相手と飲めば酒が進むということでしょう。しかし、この語は「话不投机半句多」（話投機せざれば半句といえども多し…投機は意気投合すること）と続くので歇后语と考えると「お前とは酒は飲むが話したくない。」ということになるのでしょうか。（笑）

　　　　　酒逢知己千杯少　jiǔ féng zhījǐ qiān bēi shǎo
　　　　　话不投机半句多　huà bù tóujī bàn jù duō

第九課　編み物をしている女子学生と

课文

🔊
57

铃木：你 在 打 什么 呢? 你 是 在 打 毛衣 还是 在 打 围巾?
Língmù　Nǐ zài dǎ shénme ne? Nǐ shì zài dǎ máoyī háishi zài dǎ wéijīn?

陈瑛：我 正 打着 毛衣 呢。
Chén Yīng　Wǒ zhèng dǎzhe máoyī ne.

我 打算 打好了, 就 给 男朋友 做 生日。
Wǒ dǎsuàn dǎhǎole, jiù gěi nánpéngyou zuò shēngrì.

铃木：你 妹妹 穿 的 花格儿 的 背心 也 是 你 给 她 打 的 吗?
Língmù　Nǐ mèimei chuān de huāgér de bèixīn yě shì nǐ gěi tā dǎ de ma?

陈瑛：是 啊。今天 离 男朋友 的 生日 只 有 三 天 了。
Chén Yīng　Shì a. Jīntiān lí nánpéngyou de shēngrì zhǐ yǒu sān tiān le.

正在 赶着 做 呢。
Zhèngzài gǎnzhe zuò ne.

铃木：你 别 看 电视 了。看着 打 毛衣, 三 天 能 打得完 吗?
Língmù　Nǐ bié kàn diànshì le. Kànzhe dǎ máoyī, sān tiān néng dǎdewán ma?

陈瑛：说不定, 要是 来不及 的 话, 那 就 做 情人 节 礼物 吧。
Chén Yīng　Shuōbudìng, yàoshi láibují de huà, nà jiù zuò Qíngrén Jié lǐwù ba.

新出単語

🔊
58

在	zài	副 ～しているところである。
打	dǎ	動 編んで作る。
呢	ne	助 確認の語気を表す。
毛衣	máoyī	名 セーター。「打毛衣」セーターを編む。
还是	háishi	接 それとも。あるいは。
正	zhèng	副 ちょうど～しているところ。
着	zhe	助 ～の状態が続いている。
打算	dǎsuàn	動 考える。目論む。
男朋友	nánpéngyou	名 ボーイフレンド。
生日	shēngrì	名 誕生日。
穿	chuān	動 着る。
花格儿	huāgér	名 チェック柄。

背心	bèixīn	名 チョッキ。ベスト。
离	lí	介 ～から。cf. 从
正在	zhèngzài	副 ちょうど～しているところ。
赶做	gǎnzuò	動 急いで作る。
别	bié	副 ～してはならない。 ＝不要
说定	shuōdìng	動 断言する。言い切る。
要是	yàoshi	接 もしも～ならば。
来不及	láibují	動 間に合わない。
～的话	de huà	（もしも）～ならば。
情人节	Qíngrén Jié	名 バレンタインデー。
礼物	lǐwù	名 プレゼント。贈り物。

簡体字－日本字　対照

还是（還）　着（着）　花格儿（花児）　离（離）　别（別）　说定（説）　话（話）　情人节（節）

1. 副詞「正、正在、在」

你 在 做 什么 呢？　　→　　我 正在 学习 英语。
Nǐ zài zuò shénme ne?　　　　Wǒ zhèngzài xuéxí Yīngyǔ.

他 在 打着 电话 吗？　　→　　他 没 在 打 电话。
Tā zài dǎzhe diànhuà ma?　　　Tā méi zài dǎ diànhuà.

2. 持続を表す助詞「着」　①持続「〜している」、②付帯状況（〜着…）「〜しながら…する」を表す。

① 他 看着 电视 呢。　　　你们 在 这儿 等着 吧。
　 Tā kànzhe diànshì ne.　　Nǐmen zài zhèr děngzhe ba.

　 他们 都 戴着 眼镜 呢。　　窗户 没有 开着。
　 Tāmen dōu dàizhe yǎnjìng ne.　Chuānghu méiyǒu kāizhe.

② 他们 唱着 回 家 了。　　老师 指着 地图 说明。
　 Tāmen chàngzhe huí jiā le.　Lǎoshī zhǐzhe dìtú shuōmíng.

3. 選択疑問文　「A 还是 B？」A ですか、それとも B ですか。

他 是 日本人，还是 中国人？　　你 坐 汽车 去，还是 坐 火车 去？
Tā shì Rìběnrén, háishi Zhōngguórén?　Nǐ zuò qìchē qù, háishi zuò huǒchē qù?

4. 可能補語　①結果補語から。②一般に可能補語の形で使う。

① 做得完/做不完　　　　听得懂/听不懂　　　　看得见/看不见
　 zuòdewán / zuòbuwán　　tīngdedǒng / tīngbudǒng　kàndejiàn / kànbujiàn

　 吃得饱/吃不饱　　　　学得好/学不好　　　　说得清楚/说不清楚
　 chīdebǎo / chībubǎo　　xuédehǎo / xuébuhǎo　shuōdeqīngchu / shuōbuqīngchu

② 吃得了/吃不了　　　　买得起/买不起　　　　来得及/来不及
　 chīdeliǎo / chībuliǎo　　mǎideqǐ / mǎibuqǐ　　láidejí / láibují

一 个 晚上 你 做得完 吗？　　他们 学不好 汉语 吧。
Yí ge wǎnshang nǐ zuòdewán ma?　Tāmen xuébuhǎo Hànyǔ ba.

你 听得懂 听不懂 法语？　　这么 多 的 菜 我 吃不了 了。
Nǐ tīngdedǒng tīngbudǒng Fǎyǔ?　Zhème duō de cài wǒ chībuliǎo le.

5. 介詞「离」　「S + 离（基点）+ 状態性述語。」S は（基点）から〜だ。

你 家 离 车站 远 不 远？　　那儿 离 学校 有 三 公里。
Nǐ jiā lí chēzhàn yuǎn bu yuǎn?　Nàr lí xuéxiào yǒu sān gōnglǐ

cf. ×公司 从 火车站 不 远。　　○我们 从 火车站 坐 出租 汽车 去。
　 Gōngsī cóng huǒchēzhàn bù yuǎn.　Wǒmen cóng huǒchēzhàn zuò chūzū qìchē qù.

補充単語

电话	diànhuà	名	電話。cf. 打电话
戴	dài	動	身に付ける。かぶる。
眼镜	yǎnjìng	名	メガネ。cf. 戴眼镜
窗户	chuānghu	名	まど。
开	kāi	動	開ける。開く。
回	huí	動	戻る。帰る。
指	zhǐ	動	指さす。
地图	dìtú	名	地図。
说明	shuōmíng	動	説明する。
看见	kànjiàn	動	目につく。眼にする。
饱	bǎo	形	満腹である。

清楚	qīngchu	形	はっきりしている。
吃不了	chībuliǎo	動	食べきれない。
买不起	mǎibuqǐ	動	（高くて）買えない。
这么	zhème	代	こんなに。
公里	gōnglǐ	量	キロメートル。cf. 1里＝500㍍
出租汽车	chūzū qìchē	名	タクシー。「出租」はレンタルの意。
用	yòng	動	用いる。
法语	Fǎyǔ	固	フランス語。

語順要点

進行形を作る副詞「正、在」と助詞「着」（動態助詞）

主部	述部					
主語	述語動詞				賓語	文末
主語	状語		動詞（＋助詞）		賓語	助詞
小陈	正在		看	着	电视	呢。
小陈	在		做		什么	呢?
她们	正	在屋里	谈	着	话	（呢）。
他	没（在）		跳		舞。	
他们	都		穿	着	毛衣	（呢）。
他	没有		戴	＊（着）	眼镜	（呢）。

動作の進行。（上段）
動作の結果の状態の持続。（下段）

＊否定文では「着」を付けないことも多い。

付帯状況を表す「着」

主部	述部					
主語	述語動詞（＊印部分は★動詞の状語）				賓語	文末
主語	＊状語	＊動詞＋「着」	＊賓語	★動詞	賓語	助詞
我	每天	走　着		去	（学校）。	
他	最近	戴　着	眼镜	去看	书	吗?
cf. 小李	很少	用	汉语	谈	话。	

付帯状況を表す「～着＋O」は連動文で、前が手段、後ろが目的を表す。（第五課参照）

読んでみよう

61

　前　几　年，我　在　公园　里　散步　的　时候，遇见了　一　位　在　拉
　Qián jǐ nián, wǒ zài gōngyuán li sànbù de shíhou, yùjiànle yí wèi zài lā

二胡　的　老人。我们　见了　面，就　谈了　两　句　话。从　那　以后，我们
èrhú de lǎorén. Wǒmen jiànle miàn, jiù tánle liǎng jù huà. Cóng nà yǐhòu, wǒmen

常　见面。他　虽然　已经　年　过　八十　岁，但是　拉　得　真　不错。他
cháng jiànmiàn. Tā suīrán yǐjing nián guò bāshí suì, dànshì lā de zhēn búcuò. Tā

一边　拉　二胡，一边　笑着　说："我　最　喜欢　的　是　《二泉　映月》"。我
yìbiān lā èrhú, yìbiān xiàozhe shuō："Wǒ zuì xǐhuan de shì 《èrquán yìngyuè》" Wǒ

不　懂　二胡，不过　我　能　从　他　拉　的　二胡　曲调　中　听得出　他
bù dǒng èrhú, búguò wǒ néng cóng tā lā de èrhú qǔdiào zhōng tīngdechū tā

的　心情。
de xīnqíng.

－50－

練習 ❶　次の拼音を簡体字に改め、更に訳しなさい。

1．Nǐmen zài gàn shénme ne?
2．Jiàoshì de chuānghu kāizhe méiyǒu?
3．Wǒ yǒu shì le, qùbuliǎo（去不了）le.
4．Kuài wǔ diǎn le, yǐjing láibují le.
5．Nǐ jiā lí chēzhàn yǒu duōshao gōnglǐ?

練習 ❷　語の性質を考えて並べ替え、更に訳しなさい。

1．（着，看，他们，在，电视，呢）
2．（毛衣，没有，她们，穿，那天，着）
3．（还，看，他，中文，不，杂志，懂）
4．（的，了，这么多，我们，菜，已经，吃不了）
5．（情人节，没有，离，一个，今天，星期）

してみよう

1．彼は今電話をかけています。（正在）
2．彼女はメガネをかけています。
3．彼女はセーターを着て自転車に乗っています。
4．このカメラは高すぎます、買えません。
5．銀行は私の家からそれほど遠くありません。

単語　散步 動 散歩する。　时候 名 時。〜の時。　遇见 動 偶然に出くわす。　拉 動 ひく。　二胡 名 二胡。
老人 名 老人。　常 副 しょっちゅう。　虽然 接 〜ではあるが。　过 動 過ぎる。　但是 接 しかし。
一边…一边〜 副 …しながら〜する。　笑 動 笑う。曲调 名 メロディー。　听出 動 聞き分ける。
心情 名 心情。気持ち。　二泉映月 固 二泉映月（曲名）。

簡体字－日本字　対照

| 电话（電話） | 眼镜（鏡） | 窗户（窓） | 开（開） | 地图（図） | 说明（説） |
| 看见（見） | 饱（飽） | 吃不了（喫） | 买不起（買） | 这么（這麼） | 出租汽车（車） |

课文

62

铃木： 我们　俱乐部　选　我　担任　慰劳会　干事，
Língmù Wǒmen jùlèbù xuǎn wǒ dānrèn wèiláohuì gànshì,

还　让　我　给　他们　安排　一　次　三日游。
hái ràng wǒ gěi tāmen ānpái yí cì sānrìyóu.

李静： 那　比　功课　更　难　办！　你　有　把握　吗?
Lǐ Jìng Nà bǐ gōngkè gèng nán bàn! Nǐ yǒu bǎwò ma?

铃木： 一点儿　也　没有。　请　你　帮帮　我　的　忙。我　该　怎么　办　呢?
Língmù Yìdiǎnr yě méiyǒu. Qǐng nǐ bāngbang wǒ de máng. Wǒ gāi zěnme bàn ne?

我　正在　找　既　经济　又　吃　得　好、
Wǒ zhèngzài zhǎo jì jīngjì yòu chī de hǎo,

住　得　舒服、　玩儿　得　痛快　的　旅游点。
zhù de shūfu, wánr de tòngkuài de lǚyóudiǎn.

李静： 那　简直　是　让　人　办不到　的　事　啊。
Lǐ Jìng Nà jiǎnzhí shì ràng rén bànbudào de shì a.

我　想　这么　难　的　事，　谁　都　帮不了　你　的　忙。
Wǒ xiǎng zhème nán de shì, shéi dōu bāngbuliǎo nǐ de máng.

新出単語

63

俱乐部	jùlèbù	名 クラブ。club の音訳。	难	nán	形 難しい。↔容易。
选	xuǎn	動 選ぶ。	办	bàn	動 する。行う。
担任	dānrèn	動 担当する。	把握	bǎwò	名 自信。見込み。
慰劳会	wèiláohuì	名 慰労会。	帮忙	bāng//máng	動 手伝う。助ける。
干事	gànshì	名 幹事。	该	gāi	助動 ～すべきである。
让	ràng	動 ～させる。	怎么	zěnme	代 どのように～するのか。
安排	ānpái	動 スケジュールを組む。	既…又～	jì…yòu～	…であり、また～である。
游	yóu	名 旅。旅游の略。	经济	jīngjì	形 経済的である。安い。
		cf. 周游，漫游	住	zhù	動 住む。泊まる。とどまる。
比	bǐ	介 ～より…である。	痛快	tòngkuài	形 愉快である。楽しい。
功课	gōngkè	名 授業。	旅游点	lǚyóudiǎn	名 旅行スポット。
更	gèng	副 更に。もっと。	简直	jiǎnzhí	副 全く。

簡体字－日本字　対照

俱乐部（俱楽）　选（選）　慰劳会（労）　干事（幹）　让（讓）　游（遊）　功课（課）
难（難）　办（辦・弁）　帮忙（幇）　该（該）　怎么（麽）　经济（經済）
简直（簡直）

64

1．兼語文、使役文

老师 请 我 去 他 家 作客。
Lǎoshī qǐng wǒ qù tā jiā zuòkè.

医生 劝 他 住院 了。
Yīshēng quàn tā zhùyuàn le.

「让」「叫」「使」を用いた使役文

爸爸 让 我 去 美国 留学。
Bàba ràng wǒ qù Měiguó liúxué.

那个 导演 不 让 演员 休息。
Nàge dǎoyǎn bú ràng yǎnyuán xiūxi.

老师 叫 我 去 他 家。
Lǎoshī jiào wǒ qù tā jiā.

他 的 话 使 我 感动 了。
Tā de huà shǐ wǒ gǎndòng le.

2．「比」を用いた比較文

今天 比 昨天 （更） 热。
Jīntiān bǐ zuótiān (gèng) rè.

南京 的 夏天 比 上海 还 热。
Nánjīng de xiàtiān bǐ Shànghǎi hái rè.

我 的 词典 比 他 的 贵 得 多。
Wǒ de cídiǎn bǐ tā de guì de duō.

这 件 衣服 比 那 件 大 一点儿。
Zhè jiàn yīfu bǐ nà jiàn dà yìdiǎnr.

3．「有、没有」を用いた比較文

弟弟 已经 有 我 这么 结实 了。
Dìdi yǐjing yǒu wǒ zhème jiēshi le.

我 妹妹 没有 他 那么 聪明。
Wǒ mèimei méiyǒu tā nàme cōngming.

4．「一」で強調した否定

我 一 句 话 也 不 想 说。
Wǒ yí jù huà yě bù xiǎng shuō.

学校 里 一个 学生 也 没有。
Xuéxiào li yí ge xuésheng yě méiyǒu.

妈妈 一 分 钱 也 没 给 我。
Māma yì fēn qián yě méi gěi wǒ.

我 一点儿 信心 也 没有 了。
Wǒ yìdiǎnr xìnxīn yě méiyǒu le.

（也か都のいずれかを用いる。）

5．「疑問詞＋都…」

他 人 很 好，谁 都 愿意 去。
Tā rén hěn hǎo, shéi dōu yuànyi qù.

他 的 胃 真 好，什么 东西 都 可以 吃。
Tā de wèi zhēn hǎo, shénme dōngxi dōu kěyǐ chī.

補充単語

65

作客	zuò//kè	動	よその家に行って客になる。
劝	quàn	動	勧める。アドバイスする。
住院	zhù//yuàn	動	入院する。 ↔出院
导演	dǎoyǎn	名	演出家。監督。
演员	yǎnyuán	名	俳優。役者。
叫	jiào	動	～させる。
使	shǐ	動	～させる。
感动	gǎndòng	動	感動する。
结实	jiēshi	形	丈夫である。
那么	nàme	代	あんなに。そんなに。
聪明	cōngming	形	賢い。聪明である。
信心	xìnxīn	名	自信。
愿意	yuànyi	動	～したいと願望する。
胃	wèi	名	胃。
东西	dōngxi	名	物。品物。
可以	kěyǐ	助動	～できる。差し支えない。
当	dāng	動	～になる。～をする。
代表	dàibiǎo	名	代表。
了解	liǎojiě	動	理解する。わかる。

語順要点

兼語文・使役文

主部	述部			
主語	状語	動詞	兼語（賓語）	兼語を主語とした述語
李老师	又	请	我们	去他家作客了。
你妈妈	不	让	你	骑自行车吗?
我们	没有	选	她	当我们班的代表。

「比」・「有」を用いた比較文

主部	述部						
主語	述語形容詞｛動詞｝					補語	文末
主語	*状語	*介詞	*賓語	*副詞	☆形容詞・動詞	補語・賓語	助詞
他		比	我	还	忙		呢。
哥哥	不	比	弟弟	×	高。		
哥哥		比	弟弟	×	大	三岁。	
这个手表	也	比	我的	×	好	得多。	
小陈		比	小李	×	了解	日本人	吗?

← 副詞は「还」か「更」。

×には副詞を置けない。

主語	*状語	*動詞	*賓語	*代詞	☆形容詞・動詞	賓語	助詞
小张	已经	有	小李	那么	聪明		了。
这儿		没有	北京	那么	冷		吧。
小王		没有	我	这么	喜欢	看电影。	

*印部分は☆印の状語である。

読んでみよう

我 家 有 五 口 人，爷爷、爸爸、妈妈、妹妹 和 我。去年 爷爷
Wǒ jiā yǒu wǔ kǒu rén, yéye、bàba、māma、mèimei hé wǒ. Qùnián yéye

生病 以后，身体 越 来 越 坏 了。妈妈 每 天 得 看护 爷爷 忙
shēngbìng yǐhòu, shēntǐ yuè lái yuè huài le. Māma měi tiān děi kānhù yéye máng

得 不得了 了。今天 妈妈 叫 我 每 天 洗衣、买菜、做 饭 等。妹妹
de bùdéliǎo le. Jīntiān māma jiào wǒ měi tiān xǐyī、mǎicài、zuò fàn děng. Mèimei

比 我 小 七岁，不过 她 的 生活 自理 能力 比 我 强 得 多。我
bǐ wǒ xiǎo qī suì, búguò tā de shēnghuó zìlǐ nénglì bǐ wǒ qiáng de duō. Wǒ

做菜 做 得 没有 妹妹 好。妹妹 明年 要 考 大学，所以 父母 不
zuòcài zuò de méiyǒu mèimei hǎo. Mèimei míngnián yào kǎo dàxué, suǒyǐ fùmǔ bú

让 她 帮 我 的 忙。我 真的 累死 了。
ràng tā bāng wǒ de máng. Wǒ zhēnde lèisǐ le.

練習 **1**　次の拼音を簡体字に改め、更に訳しなさい。

1．Qǐng nǐ ràng wǒ jièshào yí xià.
2．Jīntiān méiyǒu zuótiān rè.
3．Wǒ hěn xǐhuan qù lǚyóu, nǎr dōu xiǎng qù.
4．Tā zǒu de bǐ wǒ hái kuài.
5．Wǒmen yì tiān yě bù xiǎng zài zhèr.

練習 **2**　語の性質を考えて並べ替え、更に訳しなさい。

1．（让，看，学生，不，电视，老师）
2．（使，感动，他的话，非常，了，妻子）
3．（时候，可以，你，什么，来，都，我家）
4．（弟弟，我，还，高，这么，没有，我）
5．（一件，没有，我，也，毛衣）

してみよう

1．父は妹を韓国に留学に行かせたがって（想）います。
2．母は父より10才年上です。（比）
3．弟は既に私と同じくらい背が高くなりました。（有）
4．私の妻はあなたほど美しく（漂亮 piàoliang）ありません。（没有）
5．先月、彼は一日も休み（休息 xiūxi）ませんでした。

単語　生病 動 病気になる。 越来越 副 ますます～になる。 坏 形 悪い。 得 助動 ～しなければならない。
看护 動 看護する。 不得了 形 どうしようもない。 洗衣 動 洗濯する。 买菜 動 買い物をする。
生活 名 生活。 自理 動 自分で処理する。 能力 名 能力。 强 形 優れている。 明年 名 来年。
考 動 受験する。 真的 副 本当に。

簡体字－日本字　対照

劝（勧）	导演（導）	演员（員）	感动（動）	结实（結実）	那么（麼）	聪明（聡）
愿意（願）	东西（東）	可以（以）	了解（瞭⋮解）			

発展課　小林さんは鈴木さんが買ってくれた二胡を弾くことに

课文

| 铃木：
Língmù | 我
Wǒ | 从
cóng | 苏州
Sūzhōu | 给
gěi | 你
nǐ | 买回来
mǎihuílai | 的
de | 那
nà | 把
bǎ | 二胡
èrhú | 怎么样?
zěnmeyàng? |

| 小林：
Xiǎolín | 真
Zhēn | 不错
búcuò | 呀!
ya! | 我
Wǒ | 从来
cónglái | 没有
méiyǒu | 看到过
kàndàoguo | 这么
zhème | 好
hǎo | 的
de | 东西。
dōngxi. |

| 山田：
Shāntián | 你
Nǐ | 能
néng | 不
bu | 能
néng | 让
ràng | 我们
wǒmen | 听听
tīngting | 你
nǐ | 最
zuì | 喜欢
xǐhuan | 拉
lā | 的
de | 一
yì | 支
zhī | 曲子?
qǔzi? |

小林：　能　是　能，　不过　我　只　拉了　五　年，　拉　得　不　太　好。
Xiǎolín　Néng　shì　néng,　búguò　wǒ　zhǐ　lāle　wǔ　nián,　lā　de　bú　tài　hǎo.
　　　　　山田　哥，　你　来　拉　吧。
　　　　　Shāntián gē,　nǐ　lái　lā　ba.

铃木：　欸，　你　怎么　了?　在　大师　的　面前，　就　不　敢　拉　了?
Língmù　Ěi,　nǐ　zěnme　le?　Zài　dàshī　de　miànqián,　jiù　bù　gǎn　lā　le?

小林：　山田哥，　把　那　张　乐谱　递给　我。　我　先　拉　一　曲，
Xiǎolín　Shāntián gē,　bǎ　nà　zhāng　yuèpǔ　dìgěi　wǒ.　Wǒ　xiān　lā　yì　qǔ,
　　　　　下　一　个　请　大哥　表演，　好　吗?
　　　　　xià　yí　ge　qǐng　dàgē　biǎoyǎn,　hǎo　ma?

新出単語

从来	cónglái	副 これまで。従来。
看到	kàndào	動 見る。目にする。目撃する。
听	tīng	動 聴く。
支	zhī	量 ～曲の。
曲子	qǔzi	名 曲。歌曲。
来	lái	動 さぁ。人に呼びかけて促す。
欸	ěi	感 おや。あれ。又、ē, é, ě, è, ǎi
大师	dàshī	名 大家。
面前	miànqián	名 目の前。眼前。

敢	gǎn	助動 思い切って～する。
把	bǎ	介 ～を。目的語を動詞の前に導く。
乐谱	yuèpǔ	名 楽譜。
递	dì	動 手渡す。順に送る。
下	xià	名 次の。
大哥	dàgē	名 兄さん。呼びかけにも用いる。
表演	biǎoyǎn	動 演技する。演奏する。
苏州	Sūzhōu	固 蘇州。　江蘇省。
山田	Shāntián	固 山田。人名。

簡体字－日本字　対照

从来（従）　　听（聴）　　大师（師）　　敢（敢）　　乐谱（楽譜）　　递（逓）　　苏州（蘇）

1．「把」字句

「S＋把＋O＋V＋a。」 SはOをV＋aする。

他们　吃光了　那些　菜。　　　　→　他们　把　那些　菜　吃光　了。
Tāmen　chīguāngle　nàxiē　cài.　　　　　Tāmen　bǎ　nàxiē　cài　chīguāng　le.

使用上の注意

①目的語は特定された物。　　他　把　汽车　卖掉　了。　×他　把　一辆　汽车　买　了。
　　　　　　　　　　　　　　Tā　bǎ　qìchē　màidiào　le.　　Tā　bǎ　yí　liàng　qìchē　mǎi　le.

②動詞は補語・間接目的語・動態助詞等を伴う。

我　把　自行车　找到　了。　　　　请　把　留学　经验　介绍　介绍。
Wǒ　bǎ　zìxíngchē　zhǎodào　le.　　Qǐng　bǎ　liúxué　jīngyàn　jièshao　jièshao.

请　把　门　关　一下，好　吗？　　我　没有　把　词典　带来。
Qǐng　bǎ　mén　guān　yíxià，hǎo　ma?　Wǒ　méiyǒu　bǎ　cídiǎn　dàilai.

请　把　行李　放在　桌子　下边　吧。　我　不　想　把　自行车　借给　小　李。
Qǐng　bǎ　xíngli　fàngzài　zhuōzi　xiàbian　ba.　Wǒ　bù　xiǎng　bǎ　zìxíngchē　jiègěi　xiǎo　Lǐ.

2．方向補語

①単純方向補語……補語成分が「来/去」及び「上/下/进/出/回/过/起」など1音節のもの
をいう。

他　走来。　　　　　　　　　　　我　没有　拿去。
Tā　zǒulai.　　　　　　　　　　Wǒ　méiyǒu　náqu.

他　进　屋里　去　了。　　　　　我　没有　拿　钱　来。
Tā　jìn　wūli　qù　le.　　　　　Wǒ　méiyǒu　ná　qián　lái.

他们　已经　走进　中国　了。　　她　把　日用品　送回　老家　了。
Tāmen　yǐjing　zǒujìn　Zhōngguó　le.　Tā　bǎ　rìyòngpǐn　sònghuí　lǎojiā　le.

②複合方向補語……補語成分が、下表の13語である。

	上 shàng	下 xià	进 jìn	出 chū	回 huí	过 guò	起 qǐ
来（lái）	上来	下来	进来	出来	回来	过来	起来
去（qù）	上去	下去	进去	出去	回去	过去	×

他　爬上来。　　　他　爬上　山顶　去　了。　　×他　爬上　去　了　山顶。（目的語が場所語）
Tā　páshànglai.　　Tā　páshàng　shāndǐng　qù　le.　　Tā　páshàng　qu　le　shāndǐng.

他　买回来　了。　他　买回　一　瓶　酒　来　了。　○他　买回　来　了　一　瓶　酒。(目的語が品物で
完了している時)
Tā　mǎihuílai　le.　Tā　mǎihuí　yì　píng　jiǔ　lái　le.　　Tā　mǎihuí　lái　le　yì　píng　jiǔ.

3．動詞句を含む定語

要　面包　的　人　来　这儿　吧。　在　那儿　吃饭　的　人　是　不　是　陈　小姐？
Yào　miànbāo　de　rén　lái　zhèr　ba.　Zài　nàr　chīfàn　de　rén　shì　bu　shì　Chén　xiǎojie?

他们　都　是　不在　故乡　过年　的　农民工。
Tāmen　dōu　shì　bú　zài　gùxiāng　guònián　de　nóngmíngōng.

最近　上课　的　时候　也　戴　帽子　的　学生　比较　多。
Zuìjìn　shàngkè　de　shíhou　yě　dài　màozi　de　xuésheng　bǐjiào　duō.

4．文の要素に主述句が含まれる文

我　想　中午　小陈　不　在　学校　的　食堂　吃　午饭。（我　想　××）
Wǒ　xiǎng　zhōngwǔ　xiǎo　Chén　bú　zài　xuéxiào　de　shítáng　chī　wǔfàn.

在　公园　里　打　太极拳　的　人们　都　觉得　天气　一下子　冷　了。（人们　觉得　××）
Zài　gōngyuán　li　dǎ　tàijíquán　de　rénmen　dōu　juéde　tiānqì　yíxiàzi　lěng　le.

去年 来 日本 工作 的 李 老师，这 次 想 组织 学生 去 几个 地方
Qùnián lái Rìběn gōngzuò de Lǐ lǎoshī, zhè cì xiǎng zǔzhī xuésheng qù jǐ ge dìfang
调查 当地 的 风俗。
diàochá dāngdì de fēngsú.

李老师 想 组织 学生 （「组织」以下は「想」の目的語。「组织」は兼語文を作る。）
学生 ｜去 …｜ 调查 风俗 （「学生」を主語とした文。）

語順要点

介詞「把」を用いた文（把字句、処置文）

主部	述部				
主語	状語	介詞	賓語	述語動詞	補足成分
妈妈	已经	把	我的自行车	找到	了。
他	想	把	自己的经验	介绍	一下。
小陈	没有	把	资料	整理	得好。
老师		把	那本词典	放	在 桌子上了。
小周		把	饺子	递	给 山田吃一下。
她	还没有	把	刘先生	看	做 她的男朋友。

※1
※2

※1 妈妈已经找到了我的自行车。
　　他想介绍一下自己的经验。　　「把」を用いなくても成り立つ。
　　小陈没有整理好资料。
※2 「把」無しでは成り立たない。

補充単語

吃光	chīguāng	動	たいらげる。食べ尽くす。
卖掉	màidiào	動	売却する。売り払う。
经验	jīngyàn	名	経験。
关	guān	動	閉じる。↔开
带	dài	動	携帯する。持つ（連れ）歩く。
行李	xíngli	名	荷物。
放	fàng	動	置く。
拿	ná	動	持つ。
进	jìn	動	入る。
屋里	wūli	名	部屋の中。
日用品	rìyòngpǐn	名	日用品。
山顶	shāndǐng	名	山頂。
过年	guò//nián	動	正月を迎える。

农民工	nóngmíngōng	名	出稼ぎ労働者。
上课	shàng//kè	動	授業を受ける。出席する。
时候	shíhou	名	時。～の時。
帽子	màozi	名	帽子。
中午	zhōngwǔ	名	昼。正午前後の時間帯。
觉得	juéde	動	感じる。
一下子	yíxiàzi	副	たちどころに。
组织	zǔzhī	動	組織する。
调查	diàochá	動	調査する。
当地	dāngdì	名	現地。当地。
风俗	fēngsú	名	風俗。
资料	zīliào	名	資料。
整理	zhěnglǐ	動	整理する。　cf. 收拾，清理

70

簡体字－日本字 対照

吃光（喫）　卖掉（売）　经验（経験）　关（関）　带（帯）　进（進）　屋里（裏）
山顶（頂）　过年（過）　农民工（農）　上课（課）　时候（時）　帽子（帽）　觉得（覚）
组织（組織）　调查（調査）　风俗（風）　资料（資）

1. Qǐng nǐ búyào bǎ zhège zhàoxiàngjī fàngzài zhuōzi shang le.
2. Wǒ yào bǎ Hànyǔ xuéhǎo（学好）.
3. Wǒ juéde（覚得）tā yídìng shì hǎorén.
4. Xiǎng（想）chī jiǎozi de rén dōu kěyǐ（可以）lái wǒ jiā zuòkè.
5. Wǒ zài Zhōngguó kàndàole hěnduō chuānzhe míngpái（名牌）yīfu de rén.

練習 ② 語の性質を考えて並べ替え、更に訳しなさい。

1. （不要，词典，放在，那本，你，把，桌子上）
2. （他，还，把，做完，现在，作业，没有，昨天的）
3. （他，进，跑，了，教室里，来，已经）
4. （买，下次，土特产，请，回，你，把，来，一定）
5. （弟弟，念，很，课文，了，得，好，把）

🈩してみよう

1. 山田君はその小説を読み終えました。（把を用いて）
2. 私は未だ自転車を探し出して（找到 zhǎodào）いません。（把を用いて）
3. 彼は歩いて家まで戻って行きました。
4. 部屋の中で雑誌を読んでいるのは私の兄です。
5. 中国に留学に行きたいと考えている学生は余り多くありません。

巻末付録①

中国語の文

中国語の文の種類　述語の性質によって普通次の4種類に分ける。

1．動詞述語文　　　例. 我吃饺子。（私は餃子を食べる。）　我喜欢英国。（私は英国が好きです。）
2．形容詞述語文　　例. 这个面包很好吃。（このパンはおいしい。）　我老了。（私は年をとった。）
3．主述述語文　　　例. 他学习很认真。（彼は勉強熱心だ。）　我身体好了。（私は体が良くなった。）
4．名詞述語文　　　例. 今天星期天。（今日は日曜日だ。）　这个多少钱？（これ、いくらですか。）

　　また、動詞述語文は動作を表す動作性述語文と動作を表さない状態性述語文に分けられる。上の、「我吃饺子。」は動作性述語文で、「我喜欢英国。」は状態性述語文である。また、「我去中国。（私は中国に行く。）」は動作性述語文、「我能去中国。（私は中国に行くことができる。）」は状態性述語文である。従って助動詞文は状態性述語文であり、上の形容詞述語文、主述述語文、名詞述語文もまた状態性述語文である。

中国語の文の構成

　　文はその要素となるものに「主语」（主語）、「谓语」（述語）、「宾语」（目的語）があり、これらの要素を修飾する成分に「定语」（連体修飾語）、「状语」（連用修飾語）がある。

1．定語と状語

　　定語とは名詞を修飾する成分をいい、修飾される名詞を中心語という。下線部分は定語。
例句.

我的 词典（私の辞書）　　　　　　　大 词典（大きい辞書）
今天的 报（今日の新聞）　　　　　　桌子上的 书包（テーブルの上の鞄）
他昨天买的 杂志（彼が昨日買った雑誌）　戴着帽子的 学生（帽子を被っている学生）

　　状語とは動詞または形容詞を修飾する成分をいう。下線部分は状語。
例句.

明年 去（来年行く）　　　　　　　　在图书馆 看书（図書館で読書する）
从上海 来（上海から来る）　　　　　明年 跟李静 结婚（来年李静さんと結婚する）
非常 漂亮（非常にきれい）　　　　　特别 喜欢吃饺子（とりわけ餃子が好き）

2．句の成文と語順

　　普通、語順は、「主语」→「谓语」→「宾语」となる。
また、修飾語を伴う場合、（定语）→「主语」→（状语）→「谓语」→（定语）→「宾语」となる。

以下、いくつかの例文を示す。

主语（下線）→谓语（**太字**）→宾语（下線）

他 **来** 了。（彼が来ました。）

他 **是** <u>学生</u>。（彼は学生です。）

<u>小李</u> **没有** <u>哥哥</u>。（李君はお兄さんがいません。）

<u>我</u> **去** <u>中国</u>。（私は中国に行きます。）

<u>李老师</u> **健康** 吗？（李先生はお元気ですか。）

定语（下線）→主语→谓语→宾语

<u>我</u> 的 书 **在** 这儿。（私の本はここにあります。）

<u>哥哥</u> 的 朋友 **来** 了。（兄の友達が来ました。）

主语→状语（下線）→谓语→宾语

我 <u>每天</u> <u>都</u> **去** 公园。（私は毎日公園に行きます。）

他们 <u>在图书馆</u> **看** 杂志。（彼らは図書館で雑誌を読みます。）

她们 <u>都</u> <u>非常</u> **漂亮**。（彼女たちはみな非常にきれいです。）

今天 <u>也</u> <u>很</u> **热**。（今日も又とても暑いです。）

主语→谓语→定语（下線）→宾语

妹妹 **喜欢** <u>红色</u> 的 衣服。（妹は赤い色の服が好きです。）

他 **买了** 一个 <u>小小的</u> 提包。（彼は小さい小さいハンドバッグを一つ買いました。）

状语（下線）→定语（下線）→主语→状语（下線）→谓语→定语（下線）→宾语

<u>前几天</u> <u>陈大夫的</u> 女儿 <u>用毛笔</u> <u>给我</u> **写了** <u>一封 很长的</u> 信。

（数日前、陳先生の娘さんが毛筆で私に一通の長い手紙を書きました。）

<u>改革 开放 以后的</u> 上海市 **变成了** <u>一座 很 有 魅力的 大</u> 城市。

（改革開放後の上海市は一つのとても魅力的な大都市に変わりました。）

「定语」は「主语」または「宾语」を前から修飾する語で、「状语」は「谓语」を前から修飾する語である。

　また、ここでは述べていないが、「谓语」の後ろに置かれる「宾语」以外の成分に「补语」（補語）がある。

離合詞について

　中国語には離合詞（離合動詞ともいう）と呼んでいる熟語があります。第5課に出てきた「打工」がそれです。他にも「見面」「吃饭」「睡觉」「结婚」等が出てきています。これらは見てわかるとおり「動詞＋目的語」の形をした熟語です。「我吃饭。」は英語風に言えば「S＋V＋O」の形をしています。従って目的語に「早」を付けて「我吃早饭。」、「两碗」を付けて「我吃两碗饭。」とすることが出来ます。中国語に単語という概念を持ち込んだ時、どこまでを一単語、どこからを二単語以上の複合語と考えるのかという問題が出てきます。「早饭」は「早」と「饭」から出来ているし、「午饭」「晚饭」「便饭」等という語があるから、「早」は「饭」にかかる修飾語で、二単語であるという主張もあながち否定できません。しかし、「朝ご飯」は二語に分けない一単語であると見ています。現在、中国語では「吃饭」は「お食事をする」という一単語であると見なしています。しかし、どう見ても形は「動詞＋名詞」の二要素を持っています。こういう熟語を「離合詞」と呼んでいます。辞書を引いたとき「吃饭　chī//fàn」と「//」が入れられています。

　教科書の場合、拼音を付けています。「我吃饭。」は「Wǒ chīfàn.」と「chīfàn」を離さずに表記します。それは「吃饭」を一単語と考えるからです。

　ところで、「離合詞」は辞書での品詞分類は「動詞」になっていますが、既に「動詞＋目的語」の形ですから更に目的語を取ることは出来ません。例えば「手伝う」は「帮助」（bāngzhù）と「帮忙」（bāngmáng）がよく使われます。ところで、

　　　　　我帮助哥哥。は成立します。「帮助」は2字で一単語動詞だからです。

　　　　　×我帮忙哥哥。は成立しません。動詞「帮」は既に目的語に「忙」を取っているからです。そこで「我帮哥哥的忙。」とし、「S＋V＋O」の形にするのです。

「卒業する」の「毕业（bì//yè）」も離合詞です。「×他毕业北京大学。」は成立しません。「他在北京大学毕业。」となります。動詞の重ね型（第6課）や動態助詞の「了」や「过」（第7課）を使う時も注意が要ります。「泳ぐ」は「游泳」ですが、これも離合詞です。「泳いだことがある」は「我游过泳。」になります。また「我游300米。」は成立しますが、「×我游泳300米。」は成立しません。辞書を引いて動詞とされていても、「//」の入った離合詞の場合、後ろに目的語を続けることが出来ません。

　一語動詞か離合詞かの判断は、中国語が背負ってきた歴史と、現代語での感性から中国人が決めているものですから、我々外国人が理屈の上で「こう考えるべき」と言ってもナンセンスです。ただ、我々日本人にとって、その漢字が動詞として使えるか否か、多くは直感で分かるものですが、時に誤ることがあるので注意が必要です。

　拼音の分かち書きをする時、「Wǒ chī fàn.」とするか「Wǒ chīfàn.」とするかという問題が出てきます。本書では、中国語における単語の認識を理解するために中国内の慣例に従って、後者の表記にしています。

簡体字雑学

　中華人民共和国は識字教育の普及を妨げている要因の一つに、漢字の煩雑さがあると考えて、漢字の習得を容易にするために簡体字を定めました。多くはその当時既に世間で使われていた字体ですが、中には紀元前の字体に戻ったり、或いは新たに創作したりしました。少しばかり見てみましょう。

　从（従）、众（衆）、无（無）などは漢字の生まれた当初（西周以前）から存在していた字です。

　坏（壊）は『説文』（後漢）にある字で、「丘」の意。壊の俗字に使われたのは宋元の頃から。

　怀（懐）は『字彙補』（清初）では「怒る」意。

　过（過）は『宋元以来俗字譜』に過の俗字とあります。

　运（運）は『集韻』（宋）に出ていて「走る」意。

　适（適）は『論語』に人名として出てきます。『正字通』（明）では「速い」意。

　进（進）、讲（講）などは恐らくごく最近に作られたものと思われます。

　块（塊）は『四声篇海』（金）に出るようですが、「義は不詳」とあります。

　総じて言えば、漢字の意味は踏襲していないものの、字そのものは何処かにあったものがほとんどで、新たに創作した字は少ないと言えそうです。

　日本の常用字体と微妙に異なっているものもあります。

　　差－差　　写－写　　帯－帯　　真－真　　亮－亮　　微－微　　画－画　　唐－唐

　　冒－冒　　骨－骨　　決－决　　歩－步　　包－包　　徳－德　　隆－隆　　舎－舍

　また、一字で二字以上を代用しているものもあります。

　　发－発・髪　　后－后・後　　只－只・祇・隻　　冲－沖・衝　　里－里・裏

　日本と字形は同じでも元字の違うものもあります。

　　叶（葉）は本来、「協」の異体字（古体）で日本では「かなう」と読みます。本義を踏襲しています。

　　机－機、は現代漢語が発音だけを借りたものです。

　ある時だけ使う簡体字もあります。

　元はお金の単位では、「圓」の簡体字になっていますが、「圓」の簡体字は「圆」です。因みに中国の紙幣には「拾圆」と印刷されています。

　什么は「甚麼」の簡体字なので、什＝甚かと思いますが、「甚至」「甚为」のように、全てが「什」になったわけではありません。

包摂という考え方

「亮」と「亮」、「包」と「包」等は別字と見るのか、同一字と見るのか。ならば「今、今」、「言、言」はどうなのか。もし、ごく僅かでも違っていれば別字とすると、「言」偏の字は２倍に増えます。日本でも自分が手書きする時にどう書くかは別として、「狀、状」、「藏、蔵」等は無意識のうちに容認しています。現在の中国では「戸、戸」は「户」にデザインし、「戻、房」は「戾、房」にしていま

すが、「所」の「戸」はそのままです。また、簡体字といっても台湾で使用されている字体と大陸の字体とでは全く同じというわけではありません。我々は中華人民共和国の語を学んでいるのですから、大陸政府のデザインに従うべきですが、今に伝わっている過去千数百年程の字体の変化を見て考えると、あまりに神経質になる必要は無いだろうと思います。

時刻の表現

中国はずっと「漏刻」（水時計）を使っていました。明朝の頃から西洋式の時計が入ってきたのですが、その時計には西洋式の表現がそのまま使われたので、英語の時刻表現とよく似ています。「両点鐘」の「鐘」は「It's two o'clock.」の「o'clock」そのものです。「一刻」の「刻」は英語の「quarter」の訳語と言われています。確かにそのとおりですが、中国でも古代（尭の時代だそうですが）、一日を100刻に分け、春分、秋分は昼夜各々50刻、夏至、冬至で60刻、40刻としたと言います。そうすると「60分×24時間÷100刻」で一刻はほぼ15分に当たります。しかし、これは随分昔のことです。六朝の宋の頃には一日を「子丑寅卯…戌亥」の十二時（十二辰という）に分け、更にその一時を四刻に分けていました。一時が今の2時間ですから、一刻は30分と言うことになります。

夜中をいう語に「深更半夜」という表現があります。日本でも「夜更け」と表記します。この「更」ですが、漢代の頃、夜を五更に分け、五交代で夜警（衛士）に当たらせました。「更 gēng」は「変更」「更衣」など「変わる」意味です。そして一更をさらに5つに分けて、その一つを「一点」と呼びました。季節によって違いますが、おおよそ12時間弱を5等分して、さらに5等分すると「60分×12時間÷25点」で一点はほぼ30分程になります。

因みに日本では江戸時代「子丑…亥」と一日を12分したものを一刻とよび、その一刻（2時間）を更に3等分し、例えば辰の上刻、午の中刻、下刻などと呼んでいたので、日本の一刻は40分になります。

部分否定

第一課で

他们都不是学生。……彼らは全員学生ではない。

他们不都是学生。……彼ら全員が学生というわけではない。

の違いが出てきました。「一定（必ず）」も否定詞との語順が変わると意味が異なります。

他们一定不来。……彼らは絶対に来ない。

他们不一定来。……彼らは来るとは限らない。

という意味になります。「一定不」を完全否定とすると、「不一定」は部分否定といえます。「很」も似た関係で、「很不」と「不很」とは違います。

那天天气很不好。……その日は天気がとても悪かった。

那天天气不很好。……その日は天気があまり良くなかった。

部分否定の「不很好」は「不太好」と「太」を使うことが多いようです。「太」も同様で、

这个孩子太不懂事。……この子は全く聞き分けがない。

这个孩子不太懂事。……この子はあまり聞き分けがよくない。

という意味になります。

他也是我的丈夫（副詞の語順）

「彼も又私の主人です」って、どんな女性かな？　とびっくりです。気になる「也」ですが、これは副詞ですから、副詞は原則、動詞か形容詞の前にしか置くことが出来ません。

{他学习英语}，我也学习英语。　{彼は英語を勉強していて} 私も又英語を勉強しています。

{我学习英语}，（我）也学习汉语。　{私は英語を勉強しています} 又中国語も勉強しています。

我们学校也有中国老师。も同様で、「私達の学校にも中国人教師がいます」と、「私達の学校には中国人教師もいます」の二通りに理解できます。何れであるかは場面から判断します。

上の文の「也」は主語である「他」を累加する時と、目的語である「丈夫」を累加する時とがあります。

ですから、一夫多妻ならぬ一妻多夫が不自然と思えば、当然のこと「彼はまた私の主人でもあるのです」の意味に取るのが自然です。意味につられてよく間違える語順は、

私には子供は一人しかいません。	×我有只一个孩子。	○我只有一个孩子。
両親共に体は健康です。	×父母都身体很好。	○父母身体都很好。
彼は料理も上手です。	×他做菜也做得很好。	○他做菜做得也很好。

等が挙げられます。副詞は原則として、名詞の前に直接付けることは出来ません。ですから、

「今天十月十号。」は言えても「今天不十月十号。」は言えません。つまり、

「今天不是十月十号。」と言うことになります。

百以上の数の言い方　　{ } 内は省略可

100　一百 (yìbǎi)，　　1,000　一千 (yìqiān)，　　1万　一万 (yíwàn)，　1億　一亿 (yíyì)

234	二百三十四 (èrbǎi sānshisì)	560	五百六 {十} (wǔbǎi liù {shí})
708	七百零八 (qībǎi líng bā)	911	九百一十一 (jiǔbǎi yīshiyī)
2300	两千三 {百} (liǎngqiān sān {bǎi})	4015	四千零一十五 (sìqiān líng yīshiwǔ)
6007	六千零七 (liùqiān líng qī)	20000	两万 (liǎngwàn)
22000	两万二 {千} (liǎngwàn èr {qiān})		
32500	三万两千五 {百} (sānwàn liǎngqiān wǔ {bǎi})		
60007	六万零七 (liùwàn líng qī)	80019	八万零一十九 (bāwàn líng yīshijiǔ)
40506	四万零五百零六 (sìwàn líng wǔbǎi líng liù)	13億	十三亿 (shísānyì)
160人	一百六十个人 (yìbǎi liùshí ge rén)（×　一百六个人）		

中国のお金の表現　　人民币（rénmínbì）　RMB と略す　　{ } 内は省略可

（書き言葉）元（圓）（yuán）　角（jiǎo）　分（fēn）　｜　（話し言葉）块（kuài）　毛（máo）　分（fēn）

12.34元　十二块三毛四 {分}（shí'èr kuài sān máo sì {fēn}）

2.40元　两块四 {毛}（liǎng kuài sì {máo}）

5.06元　五块零六 {分}（wǔ kuài líng liù {fēn}）

0.22元　两毛二（liǎng máo èr）　又は　两毛两分（liǎng máo liǎng fēn）

2.22元　两块两毛二（liǎng kuài liǎng máo èr）　又は 两块二毛二（liǎng kuài èr máo èr）

数の口語表現には幅がある。两の連用を避ける傾向もある。

大写　壹（弌）　贰（弍）　叁（弎）　肆　伍　陆　柒　捌　玖　拾　佰　仟　萬

ex. 24,856元　贰萬 肆仟 捌佰 伍拾 陆元　〈帐单（zhàngdān）、收据（shōujù）等に使う〉

日の過去・未来

大前天,	前天,	昨天,	今天,	明天,	后天,	大后天
dàqiántiān,	qiántiān,	zuótiān,	jīntiān,	míngtiān,	hòutiān,	dàhòutiān
（一昨々日）	（一昨日）	（昨日）	（今日）	（明日）	（明後日）	（明々後日）

年の過去・未来

大前年,	前年,	去年,	今年,	明年,	后年,	大后年
dàqiánnián,	qiánnián,	qùnián,	jīnnián,	míngnián,	hòunián,	dàhòunián
（一昨々年）	（一昨年）	（去年）	（今年）	（来年）	（再来年）	（再々来年）

月の過去・未来

上（个）月,	这个月 [本月],	下（个）月
shàng（ge）yuè,	zhège yuè [běnyuè],	xià（ge）yuè
（先月）	（今月）	（来月）

週の過去・未来

上（个）星期,	这个星期 [本星期],	下（个）星期
shàng（ge）xīngqī,	zhège xīngqī [běnxīngqī],	xià（ge）xīngqī
（先週）	（今週）	（来週）

中国の祝祭日①

休日になる日

　伝統的な祭日は一般に旧暦（农历 nónglì）で行われます。太陽暦は「公历 gōnglì」と呼ばれています。农历では始めの十日までは「初一、初二、…初十」と言い、それ以降は「三月十六」のように「日」を付けずに言います。

元旦（yuándàn）　公历 1月1日　　放一天假
春节（Chūn Jié）　农历 一月初一　　放三天假　〈除夕 chúxī から始める〉
三八妇女节（Sān Bā Fùnǚ Jié）　公历 3月8日　妇女放半天假　下午放假　〈米国起源1910年から〉
清明节（Qīngmíng Jié）　公历 4月4〜6日　　放一天假　去扫墓（sǎomù）〈墓参りをする〉
五一国际劳动节（Wǔ Yī Guójì Lǎodòng Jié）　　公历 5月1日　放一天假　〈メーデー　1889年から〉
端午节（Duānwǔ Jié）　农历 五月初五　　放一天假
六一儿童节（Liù Yī Értóng Jié）　公历 6月1日　〈香港、台湾では4月4日。欧米では11月20日が多い〉　　小学生放一天假　〈第二次大戦で多くの子供が犠牲になった反省から、子供の人権を謳った〉
中秋节（Zhōngqiū Jié）　农历八月十五　　放一天假　赏月（shǎngyuè）〈お月見〉
国庆节（Guóqìng Jié）　公历 10月1日　　放三天假　庆祝建国（1949年）

中国の祝祭日②

休日ではない日

　「中国の祝祭日①」の他、伝統的なものに、元宵（Yuánxiāo　一月十五）また〈灯节　Dēng Jié〉とも言う、七夕（Qīxī　七月初七）、重阳（Chóngyáng　九月初九）、腊八（Làbā 十二月初八）等があります。

　また、近年に取り入れたものでは、情人节（Qíngrén Jié 2月14日　バレンタインデー）、愚人节（Yúrén Jié　4月1日　エイプリルフール）、青年节（Qīngnián Jié　5月4日）、母亲节（Mǔqin Jié 5月第2日曜日）、父亲节（Fùqin Jié　6月第3日曜日）、圣诞节（Shèngdàn Jié　12月25日　クリスマス）を取り入れています。

　中華民国時代の1936年、国民党政府は6月6日を教师节（Jiàoshī Jié）に制定しました。その後、1939年に、孔子の生誕日（旧暦8月27日　{孔子の生誕は魯の襄公21年10月21日が定説である}）ということで、9月28日に変更しましたが、1949年新中国の成立時に5月1日のメーデーに統合されました。その後、教師は最低の人間と決めつけられ、ほとんど忘れられていましたが、1985年、9月10日をその日として復活しました。また、最近に巷間で生まれたものに「光棍儿节（Guānggùnr Jié 11月11日）」があります。直訳すると「独身男子の日」ですが、さしづめ男女双方の「婚活の日」といったところで、合コンなどが企画されているそうです。

索　引

著　者

柴　格朗（しば　ただあき）
　奈良大学、同志社大学、龍谷大学非常勤講師

二訂版
鈴木君の中国生活
〜文法中心中国語初級テキスト〜

2013. 2. 1　初版発行
2023. 4. 1　二訂版初版発行

発行者　井 田 洋 二

〒101-0062　東京都千代田区神田駿河台3の7
　　　　　電話　東京03（3291）1676　FAX 03（3291）1675
発行所　振替　00190-3-56669番
　　　　　E-mail：edit@e-surugadai.com
　　　　　URL：http://www.e-surugadai.com

株式会社　駿河台出版社

印刷・製本・製版　フォレスト

ISBN　978-4-411-03155-6 C1087　￥2300E

中国語音節全表

韻母／声母	1														i	ia	iao	ie
	a	o	e	-i	er	ai	ei	ao	ou	an	en	ang	eng	ong	i	ia	iao	ie
b	ba	bo				bai	bei	bao		ban	ben	bang	beng		bi		biao	bie
p	pa	po				pai	pei	pao	pou	pan	pen	pang	peng		pi		piao	pie
m	ma	mo	me			mai	mei	mao	mou	man	men	mang	meng		mi		miao	mie
f	fa	fo					fei		fou	fan	fen	fang	feng					
d	da		de			dai	dei	dao	dou	dan		dang	deng	dong	di		diao	die
t	ta		te			tai		tao	tou	tan		tang	teng	tong	ti		tiao	tie
n	na		ne			nai	nei	nao	nou	nan	nen	nang	neng	nong	ni		niao	nie
l	la		le			lai	lei	lao	lou	lan		lang	leng	long	li	lia	liao	lie
g	ga		ge			gai	gei	gao	gou	gan	gen	gang	geng	gong				
k	ka		ke			kai	kei	kao	kou	kan	ken	kang	keng	kong				
h	ha		he			hai	hei	hao	hou	han	hen	hang	heng	hong				
j															ji	jia	jiao	jie
q															qi	qia	qiao	qie
x															xi	xia	xiao	xie
zh	zha		zhe	zhi		zhai	zhei	zhao	zhou	zhan	zhen	zhang	zheng	zhong				
ch	cha		che	chi		chai		chao	chou	chan	chen	chang	cheng	chong				
sh	sha		she	shi		shai	shei	shao	shou	shan	shen	shang	sheng					
r			re	ri				rao	rou	ran	ren	rang	reng	rong				
z	za		ze	zi		zai	zei	zao	zou	zan	zen	zang	zeng	zong				
c	ca		ce	ci		cai		cao	cou	can	cen	cang	ceng	cong				
s	sa		se	si		sai		sao	sou	san	sen	sang	seng	song				
	a	o	e		er	ai	ei	ao	ou	an	en	ang	eng		yi	ya	yao	ye